刘国新·主编

读点国史
辉煌年代国史丛书

新元初始
1950年的中国

刘国新 著

四川人民出版社

图书在版编目（CIP）数据

新元初始：1950年的中国/刘国新著. —成都：四川人民出版社，2017.12（2024.7重印）
（读点国史：辉煌年代国史丛书）
ISBN 978-7-220-10474-9

Ⅰ.①新… Ⅱ.①刘… Ⅲ.①中国历史-1950 Ⅳ.①K275

中国版本图书馆CIP数据核字（2017）第278314号

XINYUAN CHUSHI：1950NIAN DE ZHONGGUO
新元初始：1950年的中国
刘国新　著

策划组稿	谢　雪
责任编辑	董　玲　谢　寒
封面设计	张迪茗
内文设计	戴雨虹
责任校对	韩　华
责任印制	祝　健
出版发行	四川人民出版社（成都市三色路238号）
网　　址	http://www.scpph.com
E-mail	scrmcbs@sina.com
新浪微博	@四川人民出版社
微信公众号	四川人民出版社
发行部业务电话	（028）86361653　86361656
防盗版举报电话	（028）86361653
照　　排	四川胜翔数码印务设计有限公司
印　　刷	四川五洲彩印有限责任公司
成品尺寸	165mm×240mm
印　　张	15
字　　数	153千
版　　次	2018年6月第1版
印　　次	2024年7月第3次印刷
书　　号	ISBN 978-7-220-10474-9-01
定　　价	59.80元

■版权所有·侵权必究
本书若出现印装质量问题，请与我社发行部联系调换
电话：（028）86361656

总 序

◎ 李 捷

肩负起以史为鉴、资政育人的神圣使命

《读点国史：辉煌年代国史丛书》主编刘国新同志要我为丛书写篇序。要说的很多，想来想去，还是从国史的地位和国史研究的意义说起。

2013年6月25日，习近平总书记在中共中央政治局第七次集体学习时提出："学习党史、国史，是坚持和发展中国特色社会主义、把党和国家各项事业继续推向前进的必修课。"这就把党史、国史的学习、宣传和研究提到很高的地位。

学习、宣传和研究国史，有助于我们认清党和国家发展的历史方位，认清肩负的历史责任和神圣使命，更加坚定自觉地坚持和发展中国特色社会主义。中华人民共和国如今已经走过近七十年的光辉历程。这个光辉历程，是中华民族伟大复兴史的辉煌篇章。新中国的成立，标志着中华民族伟大复兴第一个历史任务的实现，中华民族的历史从此进入一个新纪元。但是，这只是万里长征走完第一步，中国共产党继续承担起为实现国家繁荣富强、

人民共同富裕的中华民族伟大复兴第二大历史任务。为此，我们完成了社会主义革命，进行了社会主义建设，进行了改革开放新的伟大革命，终于找到了中国特色社会主义这一实现中华民族伟大复兴的必由之路。重温这段历史就会发现，中国共产党领导、马克思主义指导、改革开放和中国特色社会主义道路，都是历史和人民的选择。中国革命、建设和改革为什么只能由中国共产党来领导，而不能由其他政党来领导？为什么中华民族伟大复兴只能以马克思主义为指导，而马克思主义又必须同中国实际相结合？为什么中国只能走社会主义道路，其他的道路为什么走不通？这些本需要从理论上用许多笔墨来阐释的道理，只要站在人民的立场上，紧密结合中国革命、建设和改革的历程，就不难得到解答。这本身就说明，科学理论的逻辑根植于历史发展的总趋势和总脉络之中。只要是站在人民大众的立场，而不是站在少数人的立场，秉承实事求是的原则，而不是抱有某些先入为主的偏见，就不难得出历史的结论。因此，国史同党史一样，都是认清历史方位、历史走向、历史结论最为生动的教科书。

学习、宣传和研究国史，有助于我们深入理解马克思主义中国化的探索史和发展史。新中国所取得的巨大成就，就在于执政的中国共产党是一个在理论上富于探索和创新精神的马克思主义政党。这种理论创新，根源于马克思主义指导，根源于马克思主义基本原理与实际的结合和运用，更根源于自身的历史和实践，根源于历史经验和实践经验的科学总结。马克思主义中国化，都是科学总结党和国家历史正反两方面经验的结果，都是在此基础上对中国革命基本规律、基本理论、基本路线、基本纲领、基本经验的认识产生新飞跃的结晶。改革开放以来逐步形成的党在社会主义初级阶段的基本理论、基本路线、基本纲领、基本经验、基本要求，也是在一代又一代党和国家领导人的带领下，经过不断艰辛探索，不断概括总结，不断推动理论创新和实践创新的基础上，接力发展得来的。尽管改革开放以前的探索经历过严重的曲折，直到党的十一届三中全会成功实现伟大的历史性转折之后，这一探索才真正走上了中国特色社会主义的康庄大道。但历史是不能割断的。改革开放以前成功的探索所提供的宝贵经验、理论准备、物质基础是宝贵财富，改革开放以前严重失误的探索所提供的历史借鉴同样是使我们党坚定不移地走上中国特色社会主义道路的宝贵财富。为什么说无论搞革命、搞建设、搞改革，道路问题都是最根本的问题？为什么说新中国的一切成就，归结到一点，就是开辟形成确立了中国特色社会主义道路、中国特色社会主义理论体系、中国特色社会主义制度？要正确回答这些问题，必须系统地而不是零散地学习研究共和国的历史，深入地了解党的治国理论是如何从自身的历史和实践中总结出来的，又是如何随着时代和实践的发展变化而不断丰富、完善、创新、发展的。因此，国史是深刻理解马克思主义基本原理和科学社会主义原理在中国的成功运用和创造性发展最为生动的教科书。

学习、宣传和研究国史，有助于我们深入把握历史发展的主题和主线、主流与本质，更加自觉地划清历史唯物主义同历史虚无主义的原则界限，增强辨别真伪、明辨是非的能力。新中国成立后我们也有过"大跃进"和"文化大革命"这种全局性的严重失误。然而，这些曾经给建设事业造成严重损失的失误，都依靠党和国家自身得到了彻底纠正。不仅如此，从这些失误中得到的教训，还转化为实现伟大历史转折、推动党在理论上更加成熟、成功开辟新路的宝贵财富。正所谓"吃一堑长一智"。只要我们把这些作为完整的历史过程联系起来看，既看到党和国家在艰辛探索中犯错误的历史，也看到党和国家自觉纠正错误探寻新路的历史，更看到党和国家在探索中走向成熟、走向辉煌的历史，就不难认清新中国历史的主题和主线、主流和本质。为什么说必须坚持改革开放前后两个历史时期的辩证统一，既不能用改革开放后否定改革开放前的历史，也不能用改革开放前否定改革开放后的历史，其深刻的道理就在这里。自中国共产党成立之日起，党团结带领全国各族人民为实现民族独立、人民解放和国家繁荣富强、人民共同富裕这两大历史任务而不懈奋斗，这就是国史的主题和主线。一部共和国史，就是党领导人民完成新民主主义革命和社会主义革命、进行社会主义建设和改革开放新的伟大革命的历史，就是不断推进马克思主义中国化，最终形成中国特色社会主义道路、理论和制度的历史，就是党在中国革命、建设和改革各个历史时期坚持全心全意为人民服务的宗旨、永葆先进性和纯洁性的历史。这就是国史的主流和本质。在这方面，通过拨乱反正实现伟大历史转折形成的第二个历史决议，为我们用历史唯物主义正确对待历史树立了榜样。历史反复证明，把握国史的主题和主线、主流和本质，不但不会妨碍对自身所犯错误的反思与纠正，而且正是彻底纠正错误、总结经验、吸取教训的科学前提。这正是历史唯物主义同历史虚无主义的根本区别。因此，国史是启迪人们从成功中吸取经验、从失误中吸取教训，不断开辟走向胜利的道路、提高领导水平和执政能力最为生动的教科书。

学习、宣传和研究国史，还有助于我们弘扬中国精神、凝聚中国力量，团结一切可以团结的力量，调动一切可以调动的积极因素，为实现民族复兴"中国梦"而奋斗。新中国在不同历史时期形成了雷锋精神、"铁人"精神、"两弹一星"精神、改革开放时代精神等，形成了理论联系实际、密切联系群众、批评和自我批评的优良传统作风。毛泽东、刘少奇、周恩来、朱德、任弼时、邓小平、陈云等老一辈革命家不仅亲手培育了这些精神和优良传统作风，而且身体力行、率先垂范，为我们党树立了坚持理想信念和党性修养的精神与道德的楷模。无论在发展顺利之时，还是身处逆境之时，中国共产党人始终秉持理想信念的力量，秉持崇高精神的力量，所向披靡，无坚不摧。中国共产党用牺牲了上千万英雄儿女的事实，用自身的先锋模范作用，用革命、建设和改革的辉煌业绩，用全心全意为人民服务的赤诚，感召了全中国各族人民聚集在中国特色社会主义旗帜之下，为实现民族复兴"中国梦"而共同奋斗。因此，国史是继承中华文明5000多年优良传统，坚持近代170多年以来形成的革命传统，在当代弘扬中国精神、凝聚中国力量最为生动的教科书。

研究国史是神圣的事业，一定要投入真感情。也就是说，不仅仅要把研究国史看成是一项工作，有科学严谨的研究方法和研究态度，更要把研究国史看成是一份神圣的事业，一份值得投入精力、倾注感情的事业。有了这份深厚的感情，才能有研究的动力和出发点，也才能取得经得住时间检验的科研成果。《读点国史：辉煌年代国史丛书》由一批国史研究领域的专家担纲撰写，他们有专业背景，曾承担过国家级重大课题，也都有个人的研究著述，形成学风严谨、功力扎实的品格。我相信这套丛书是他们用心写就的。

如今社会上存在着一种质疑国史和党史的倾向，这种质疑恰恰是对历史缺乏深入了解的结果。一方面，极少数人为了某种目的，想要刻意否定这段历史，因此就把历史上共产党人的缺点和错误无限夸大，这是一种歪曲历史的行为；另一方面，有些人以"历史解密""历史内幕曝光"为噱头，在网上抛出许多没有依据的、鲜为人知的历史来吸引人们的好奇心和注意力，这也是对历史的一种误导。这套丛书以正史的姿态普及国史知识。它所选取的12个年份，是有影响和充实着重大事件的12年，构成了共和国历史的基本框架。该丛书采用纪事本末体，分别立传，既不歪曲历史也不误导读者。创作理念上以平实为要，不求新奇，不发空论。古代史学家刘知幾认为"良史以实录直书为贵"，顾炎武也说"古人作史有不待论断而于序事中即见其指者"，都讲的是论从史出的道理。该丛书秉承了中国史学的这一传统。在行文上力求鲜活、生动、明快。内容铺陈上又能做到严谨而不失于呆板，摆脱了偏重政治史的范式，特别注意对社会风尚、时代精神、民间习俗以及大众意识的描述，每一本书相对来说都有一个知识增量。

站在今天去理解历史、感知历史，可以更好地把握未来。我们在感知共和国脉搏律动的同时，也在书写共和国不同凡响的篇章。一位老同志曾经说过，共和国千秋万代，国史研究也千秋万代。让我们在千秋万代的事业中贡献自己的一点一滴。

总前言

◎ 刘国新

在中华人民共和国成立近七十周年之际,将自己多年的研究成果和心得付梓,是从事国史研究的专业人士理应做到的分内之事。

2013年6月25日,习近平总书记在中共中央政治局第七次集体学习时提出:"学习党史、国史,是坚持和发展中国特色社会主义、把党和国家各项事业继续推向前进的必修课。"把党史、国史的学习提到各项事业前进的必修课的高度,这还是第一次。《读点国史:辉煌年代国史丛书》正是落实习近平这个号召的具体行动。它以正史的姿态普及国史知识,用它的品位在"读点国史"中尽一份社会责任。

这套《读点国史:辉煌年代国史丛书》选择在共和国历史上产生过重大影响或者引起社会加速发展并充实着重大事件的12个年份为时间节点,一年一本,各自成卷,构成了共和国历史的基本框架。

如果从完整的纪年看,1950年无疑是新中国的第一年。中国20世纪最伟大的女性、被人们称为"国之瑰宝"的宋庆龄,当年是中央人民政府副主席,她将1950年称作"第一年的新中国"。

这一年，我们的共和国到处洋溢着欣欣向荣的新气象。新社会、新政府、新生活、新天地……大到国家关系，小到百姓的日常起居，人们都实实在在地感受到新旧社会两重天，感受到中国的历史巨变。当然，这仅仅是开始，更为波澜壮阔的变迁还在后面。在共和国历史中，1950年之所以具有里程碑意义，就在于它是"一元初始，万象更新"。

1954年之所以是"大业宏图"，皆因这一年召开了第一届全国人民代表大会，毛泽东主持制定了共和国第一部宪法。中国第一次以大国身份出席重要的国际会议，提出划时代的和平共处五项原则，为建立国际关系新秩序奠定了坚实的理论基础和令人信服的实践基础。这一年又是过渡时期总路线公布后的第一年，公私合营和农业合作化运动，迈出了决定性的一步。

1956年，社会主义改造全面完成。接下来召开的中共八大清醒地认识到我国无产阶级和资产阶级之间的矛盾已经基本解决，国内主要矛盾是人民对于建立先进的工业国的要求同落后的农业国的现实之间的矛盾，是人民对于经济文化迅速发展的需要同当前经济文化不能满足人民需要的状况之间的矛盾。为此，党和国家的工作重点就是把我国尽快地从落后的农业国建设成为先进的工业国。这一年，"双百"方针的提出，"向科学进军"的号召，使整个科学文化事业呈现出勃勃生机。1956年的的确确是"意气风发"的一年。

从1956年至1966年的十年是共和国开始全面建设社会主义的十年。这其中既充满艰辛的探索，也不可避免地在探索中曲折发展。这十年间，有代表性的是1962年。年初召开的七千人大会，初步总结了"大跃进"以来的经验教训，对推动国民经济全面调整起到了积极作用。9月召开的党的八届十中全会未使"左"倾错误在经济工作的指导思想上得到彻底纠正，而在政治和思想文化方面还有发展。国内形势困难曲折，国际局势错综复杂。印度不断在中印边界制造事端，中国军队被迫自卫反击。中苏两党分歧加剧，国际共运的争论和分歧达到新阶段。用"关山飞渡"来概括这一年，较为贴切。

1976年可谓大悲大喜。"文化大革命"这一全局性的错误至此已进入第十个年头，三位伟人相继离世，"四人帮"倒行逆施，唐山大地震损失惨重，国民经济濒临崩溃边缘。中国人民在关乎国家与民族命运的大搏斗中终于再次赢得胜利。噩梦醒来，艳阳高照。所谓"激荡岁月"，暗含这一年各种矛盾胶着、较量，经历着动荡和激变，代表着正义的力量终于取得了胜利的那样一种状态。

1978年是共和国历史上经历伟大转折的一年。粉碎"四人帮"后，我党为肃清"左"的影响，为发展国民经济进行了大量的卓有成效的工作，但也遇到阻力。关于真理标准问题的大讨论，在全党再次确立了实事求是的思想路线。党的十一届三中全会的召开，在政治、思想、组织等领域全面开始了拨乱反正，揭开了改革开放的序幕，标志着一个新时代的开始，"伟大转折"成为新的起点。

1984年，农村改革使粮食产量第一次突破4亿吨，基层政权建设完成了政社分离，建立了乡政府和村民委员会，人民公社体制不复存在。党的十二届三中全会的决定突破了把计划经济同商品经济对立起来的传统观念，为经济体制改革提供了新的理论指导，改革的重点从农村转向城市。对外开放迈出新的步伐，开放14个沿海港口城市。根据"一国两制"的构想，中英两国政府签订了联合声明，香港问题圆满解决。这一年，可谓"春潮涌动"。

1992年，邓小平视察南方并发表重要谈话，从理论上深刻回答了长期困扰和束缚人们思想的许多重大问题。同年召开的党的十四大作出三项具有深远意义的决策：确立邓小平中国特色社会主义理论在全党的领导地位；明确我国经济体制改革的目标是建立社会主义市场经济体制；强调抓住机遇，加快我国经济社会的发展，推进改革开放跃上新台阶，中国改革开放的大船"迎风破浪"，驶上新的航程。

1997年，江泽民在党的十五大报告中，进一步阐述邓小平理论的历史地位和指导意义，进一步阐述党在社会主义初级阶段的基本路线和基本纲领，并就建设中国特色社会主义的政治、经济、文化作出全面部署，确定了跨世纪发展的宏伟蓝图，明确回答了国际国内普遍关注的邓小平逝世后中国怎样"继往开来"的重大问题。

2003年，是中国发展进程中重要而非同寻常的一年，也是改革开放和社会主义现代化建设取得显著成就的一年。以胡锦涛为总书记的新一届中央领导集体从改革开放25年的实践中、从抗击"非典"疫情的斗争中获得重要启示：坚持以人为本，树立全面、协调、可持续的科学发展观，促进经济社会和人的全面发展。从单纯追求经济增长，到促进经济、社会和人的全面发展，这是中国发展观的重大进步，适应了全面建设小康社会的迫切要求。

2008年，是深入贯彻落实党的十七大精神、推进"十一五"规划顺利实施的关键一年，也是我们应对国际经济形势复杂变化、保持经济平稳较快发展的重要一年。中国人民同心同德、顽强拼搏，成功抗击南方部分地区严重低温雨雪冰冻灾害和四川汶川特大地震灾害，成功举办北京奥运会，完成"神舟"七号载人航天飞行任务，举办第七届亚欧首脑会议，中国的经济实力和综合国力进一步增强，人民生活水平继续提高。中国人民同世界各国人民加强友好交流和务实合作，共同应对国际金融危机等严峻挑战，为维护世界和平、促进共同发展做出了新的贡献。这一年恰逢改革开放30周年，中国人民隆重纪念这一重要历史时刻，在总结经验的基础上对继续推进改革开放作出了部署。

2013年在新中国历史上值得书写，不仅因为这一年是新一届政府产生之年，而且因为执政的中国共产党的作风和纪律切实需要加以整顿，党内腐败蔓延正在侵蚀党的肌体，引起人民的强烈不满；改革开放到了深水区和攻坚期，如何让多年的改革开放成果惠及全体人民，而不仅仅是一句漂亮的口号；粗放的经济发展模式，付出了太多的资源和环境成本的代价，必须下大决心转变。这一年，以习近平为首的中共中央在治党治国治军、改革发展稳定的征程上都迈出了坚定的步伐。中华民族伟大复兴的"中国梦"是人民永续辉煌的不竭动力。

尽管有人把国史看作是中国历史"自然的延伸"，但我觉得国史与历代中国断代史还是有所区别的。中国是历史积淀异常深厚的国度，不仅历史悠久，而且史官文化高度发达，史籍经典延绵不绝，史志资料浩如烟海。按照中国史学的一般传统，是后人记前人事，盖因后人看前人更客观，档案文献的查找也更便利。但也不尽然。被鲁迅称为"史家之绝唱，无韵之离骚"的《史记》，其作者司马迁就生活在汉武帝时代，书中就曾记录了不少当时的人和事，无怪乎有人干脆称《史记》为"实录"（《汉书·司马迁》）。今天人讲今天事，当代人修当代史继承的就是中国史学的这一特殊传统，尽管在秉笔直书、正视历史真相方面多多少少还是有距离和难度的。但本套丛书还是做到了"存史"的目的。把过去发生的事情娓娓道来，写清楚它们的来龙去脉，应了孔子所说的"物有本末，事有始终，知所先后，则近道矣"和刘知幾强调的"良史以实录直书为贵"的要求。

  这套国史丛书由一批国史研究领域的专家担纲撰写，他们有严谨的治学态度和深厚的学术功力，不会轻易受干扰和动摇。笔者相信这些著作会给读者以不同的感受。

目 录

引 言 / 001

第一章 共和国迎来第一个春天

一、欢庆新中国的第一个元旦 ············· 004
　　◎《人民日报》历史上的第一个元旦社论
　　◎中共中央发表《告前线将士和全国同胞书》
　　◎中央人民政府领导人纷纷题词祝贺
　　◎黄炎培的新体诗——《1949年除夕》
　　◎北京中山公园、北海公园5万群众大联欢
　　◎上海8大戏院同时献映《新中国诞生》
　　◎重庆10万群众大游行，观者如堵，途为之塞
　　◎民族工业家畅谈"鲜明的对照"
　　◎京汉、粤汉铁路中断了12年的联运恢复通车
　　◎中央人民广播电台用国歌为开始曲
　　◎英文版《人民中国》创刊
　　◎毛泽东为《人民海军》题词

二、新政府"新"在哪里 ············· 010
　　◎团结各界贤能，"大家的事大家办"

◎党外人士在各级政府中占有很高比例
◎"人民的政府，不是做官，是做事"
◎周恩来首先想到了对和平解放北平立下大功的傅作义
◎周恩来亲自上门请黄炎培担任政府要职
◎政务会议每星期召开一次
◎罗隆基坦言为什么住着院还要参加政务会议
◎要让党外人士"一份职务，一份权力，一份责任，三者不可分离"
◎陈云总是将中财委的一切重大事情，用电报形式及时通报给马寅初
◎毛泽东说："有则说有，无则说无，是则是，非则非……"

三、崭新的外交风格 ……………………………………… 019
◎"另起炉灶"
◎"打扫干净屋子再请客"
◎"一边倒"
◎新中国的第一个外交文件和第一份照会
◎苏联第一个同中国建交
◎一批人民民主国家相继同中国建交
◎周边国家先后承认中国
◎在西方国家中英国最早承认中国

四、中苏两大国结盟 ……………………………………… 026
◎毛泽东第一次走出国门
◎访苏的三个目的
◎雅罗斯拉夫尔车站敲响12点
◎斯大林称赞毛泽东："伟大，真伟大！"
◎毛泽东提出搞一个既好看又好吃的东西
◎毛泽东为斯大林70寿辰致辞，全场三次起立长时间鼓掌
◎英国一家通讯社传出毛泽东被软禁的谣言

◎周恩来率政府代表团抵达莫斯科
◎《中苏友好同盟互助条约》签订
◎"斯大林还是可以跟人家妥协的"
◎"你们要做刘宗敏,我可不想当李自成!"
◎中苏签订了三个合营股份公司的协定

第二章　向全国的胜利进军

一、解放除西藏以外的大陆和部分沿海岛屿 …………… 044
◎大迂回、大穿插、大包围的作战方针
◎衡宝战役解放湘西、湘南
◎广西战役解放广西全境
◎漳厦战役解放福建全省
◎滇南战役解放滇南
◎解放海南岛和东南沿海诸岛屿
◎香港澳门"暂时维持现状"

二、大规模剿匪斗争 ……………………………………… 049
◎大批特务及正规军遣散为匪
◎"肃清土匪和其他一切反革命匪徒"
◎重点进剿大股土匪
◎分区驻剿歼灭小股土匪
◎肃清潜藏散匪
◎华东地区的剿匪历时四年
◎西南地区的剿匪历经三年
◎华北地区剿匪两年多

三、和平解放西藏 ………………………………………… 052
◎公元7世纪,吐蕃王朝和唐王朝发生了密切联系
◎公元13世纪,元朝实现了包括西藏的中国大统一

◎西藏上层少数分裂势力的"西藏独立"活动

◎中央批准邓小平拟定的十项条件

◎昌都战役为和平解决西藏问题铺平了道路

◎阿沛·阿旺晋美为西藏地方政府首席全权代表

◎班禅额尔德尼·确吉坚赞一行也来到北京

◎进行了22天谈判

◎《十七条协议》在中南海勤政殿签字

◎拉萨两万多各族群众热烈欢迎人民解放军

◎五星红旗插遍雪域高原

第三章 没收官僚资本，建立国营经济

一、官僚资本的形成及对其的没收 ························ 062

◎利用政治特权，积累巨大财富者谓之官僚资本

◎颁布《企业中公股公产清理办法》和《关于没收战犯、汉奸、官僚资本家及反革命分子财产的指示》

◎"各按系统，自上而下，原封不动，先接后分"

◎国民党官僚资本银行是一个垄断体系

◎没收接管的官僚资本总价值为人民币旧币150亿元

二、废除外国在华经济特权与处理外资在华企业 ············ 066

◎收回关税和海关管理的主权

◎全国共有外资企业1333户

◎美国宣布冻结中国在美的一切资产

◎中国也宣布管制美国在华企业的一切财产

◎苏联将中长春铁路的一切权利及财产无偿移交

三、进行企业民主改革 ···································· 069

◎最早进行反封建把头制斗争的是天津搬运行业

◎建筑行业封建把头盘剥方式多达几十种

◎废除了纺织行业的搜身制度

◎工矿企业的民主改革分为民主斗争、民主团结和民主建设三个阶段

◎建立工厂（矿山）管理委员会和职工代表会议

◎"管理民主化、经营企业化"

◎私营企业逐步形成了新型劳资关系

第四章　土地改革运动

一、土改的各项政策规定 ································· 078

◎《土地改革法》共6章40条

◎《土地改革法》与《中国土地法大纲》相比较有了新的变化

◎将征收富农多余土地财产的政策改变为保存富农经济的政策

◎将对中农的土地由彻底平分改为完全不动

◎除没收土地、耕畜、农具、多余粮食及其在乡村多余的房屋外，地主的其他财产不予没收

◎《关于划分农村阶级成分的决定》

◎《关于划分农村阶级成分的补充规定（草案）》

◎大城市郊区另有政策

◎"不得侵犯侨汇"

◎地主占有之山林应予没收，富农出租之山林得予征收

◎"少数民族地区的社会改革，必须谨慎对待"

二、土改运动的开展 ································· 085

◎成立了各级土地改革委员会

◎组织了有党政军干部、民主人士、知识分子等组成的土改工作队

◎农村普遍建立了农民协会

◎最大限度地孤立地主

◎从1950年冬季开始在约1亿农业人口的地区进行土地改革

◎将山林折合成土地，据以划定阶级成分

◎渔区的民主改革先后进行了两次

◎牧区的民主改革目的是为了废除封建特权

三、废除封建土地制度的社会意义 ·················· 091

◎实现了"耕者有其田"

◎土改中的积极分子被选拔、充实到乡、村基层政权的领导岗位

◎推动了农村生产力的发展

◎土改改变了农民的劳动方式

◎改善了农民生活的发展

◎推动了农村教育文化卫生事业的发展

第五章　新中国成立初期的财政经济工作

一、遏制恶性通货膨胀 ·················· 098

◎统一货币

◎旧中国的恶性通货膨胀

◎货币种类繁多

◎新中国成立前后的物价涨潮迭起

◎发行折实公债，压缩财政赤字

◎统一财经工作，渡过财政难关

◎刘少奇称"这是我们国家一个极为重大的进步"

◎毛泽东对稳定金融物价，遏制通货膨胀的成功，评价其意义"不下于淮海战役"

二、统一管理国家财政经济 ········· 108
◎组建全国财经工作的领导机构

◎上海财经会议

◎统一全国财政收支管理、统一全国物资管理、统一全国现金管理

◎"饭匀着吃,房子挤着住"

◎中财委统一调拨所有库存资产

◎各企业、机关、部队、合作社的现金集中调度

◎1950年4月开始,收支接近平衡

◎物价趋向合理稳定

三、调整工商业 ········· 118
◎公私企业关系出现的新问题

◎资本主义工商业在国民经济中占有重要地位

◎毛泽东说"两全其美是可能达到的"

◎私营经济感到无合法地位

◎"否则人家说我们讲空话"

◎"分工合作,各得其所,这必须充分实现"

◎七大城市的工商局长会议

◎扩大加工订货和统购包销,调整工业的公私关系

◎调整价格和经营范围,调整商业的公私关系

◎改进对私营工商业的管理办法

◎调整产销关系,减少私营工商业在生产经营上的盲目性

◎调整劳资关系,"降低工资,劳资团结,渡过难关"

◎组织失业工人参加公共工程的建设

第六章 镇压反革命

一、反革命气焰不镇压不足以平民愤 ………… 130
◎"等待忍耐半年，瞅准时机反攻"
◎组织"反共救国军""忠义军""光复军"
◎川西地区土匪就达 104 股
◎1 月至 10 月，全国发生颠覆新生政权的武装暴乱 816 起
◎特务企图炸毁毛泽东专列
◎陈毅刚上任就收到装有子弹的恐吓信
◎广州"突击小组"要"干掉"市长叶剑英
◎群众批评政府"宽大无边"

二、大张旗鼓地镇压反革命 ………… 135
◎中共中央和政务院相继两次发布《关于镇压反革命活动的指示》
◎中共中央再次发出"双十指示"
◎第二次全国公安会议
◎只有镇压才能使他们服罪
◎镇压反革命分子要稳、准、狠
◎最高人民法院院长沈钧儒和司法部部长史良纷纷撰文
◎北京市共召开各种形式的群众大会 3 万次
◎上海市的 283 万人收听实况广播
◎杀害刘胡兰烈士的凶手伏法
◎"大陆上的反革命残余即将基本肃清"
◎出现了历史上少有的安宁时期

第七章　人民解放军的新考验

一、人民解放军的正规化起步了 ……………………… 152
　　◎1949年11月11日是空军成立日
　　◎空军组建第一支航空兵部队
　　◎1950年4月14日，海军领导机构成立
　　◎海军组建了岸防兵部队
　　◎1950年8月1日，炮兵司令部成立
　　◎1950年9月1日，装甲兵司令部和第一坦克学校同一天
　　　成立
　　◎陆军编制有所改变
　　◎进口和仿制武器，改善部队装备

二、抗美援朝的硝烟骤起 ……………………………… 156
　　◎朝鲜战争的国际大背景
　　◎解放台湾的计划被迫搁浅
　　◎6月25日，一个下着小雨的星期日凌晨……
　　◎但硬是打到你头上，又怎么办？
　　◎胜负关键并不在于仁川登陆
　　◎彭德怀说："我服从中央的决定。"
　　◎聂荣臻回忆："彭德怀在会上的坚决态度，给我以深刻
　　　印象。"
　　◎毛泽东最终决断
　　◎1950年10月19日，永远值得记住的一天
　　◎彭德怀的汽车驶过鸭绿江大桥突然停了下来
　　◎第一次战役使敌人退到清川江以南
　　◎《谁是最可爱的人》原型英雄群体
　　◎志愿军第一位杰出代表——杨根思
　　◎第二次战役使敌人退到"三八线"以南

◎李奇微说：中国是文明的敌人
◎原子弹恫吓和轰炸中国本土的叫嚣
◎现代战争启示录

第八章　教育改革·移风易俗

一、人民教育与教育人民 …………………………… 184
◎"向工农开门"的教育思想
◎创办工农速成中学
◎祁建华的"速成识字法"
◎大学课程改革
◎中国人民大学成立
◎知名人士任大学校长
◎新中国选派留学生始于1950年
◎全国学习社会发展史
◎《实践论》《矛盾论》重新发表
◎组织五类人士中有代表性的人物学习马克思主义

二、禁毒运动 ……………………………………… 194
◎吸毒的人约占全国人口的4.4%
◎贩卖毒品者不低于50万人
◎人民政府的"拦腰一棍"
◎缴获毒品2400多万两
◎残存毒犯活动更诡秘，危害更大
◎全国规模的"禁毒斗争"
◎各大区、各省市每五天向公安部汇报一次
◎屡禁不绝、为害百年的毒品基本被肃清

三、废除娼妓制度 ………………………………… 203
◎卖淫许可证制度由袁世凯首先推行
◎旧中国全国有近万家妓院
◎北京成立"封闭妓院总指挥部"

◎妓女参加政治思想和文化学习

四、实现妇女解放 ······················· 205
　　◎1950年5月1日，新中国首部法律《中华人民共和国婚姻法》颁布
　　◎农村妇女享有平分土地的权益，城市妇女步入社会
　　◎男女职工待遇相同，女职工生育有产假
　　◎妇女在各项社会改革中发挥了重要作用

五、树立新型社会风尚 ····················· 207
　　◎改善生活环境，培养卫生习惯
　　◎各城市共清除垃圾175万吨
　　◎开展全国性爱国卫生运动
　　◎"老爷""老总""官太太"的称呼不见了
　　◎"老妈子""下人"等蔑称一律为"同志"所取代

后　记 / 210

引 言

如果按完整的纪年来看，1950年无疑是新中国的第一年。中国20世纪最伟大的女性，被人们称为"国之瑰宝"的宋庆龄，当年是中央人民政府的副主席，她将1950年称作"第一年的新中国"。这一年，我们年轻的共和国到处都洋溢着一派欣欣向荣的气象。新社会、新政府、新生活、新天地。困扰了中国长达12年之久的恶性通货膨胀得到了根本治理，物价平稳，财经统一，为实现国家财政经济状况的根本好转创造了十分有利的条件。轰轰烈烈的土地制度改革，使7亿亩土地还家，孙中山"耕者有其田"的设想终于变成了现实。大张旗鼓镇压反革命运动巩固了新生的人民政权。毛泽东访问苏联，中苏两大国结盟，为新中国创造了比较有利的国际环境。

当朝鲜半岛硝烟骤起时，应朝鲜民主主义人民共和国政府和朝鲜劳动党的请求，中国人民毅然派出志愿军入朝作战，国内掀起了声势浩大的"抗美援朝，保家卫国"的运动，中国人民发扬崇高的国际主义精神，以大无畏的英雄主义气概同世界头号军事强国较量，表现出了前所未有的不惧强权的气概。

总之，无论是大到国家大事，还是小到百姓的日常起居，人们都实实在在地感受到新旧社会两重天，感受到中国社会的巨大变迁。当然，这仅仅是开始，更为波澜壮阔的历史变迁还在后面。

在共和国60多年历史进程中，1950年之所以具有里程碑的意义，就在于它是"新元初始"。

第一章
共和国迎来第一个春天
新元初始——1950年的中国

一、欢庆新中国的第一个元旦

◎《人民日报》历史上的第一个元旦社论
◎中共中央发表《告前线将士和全国同胞书》
◎中央人民政府领导人纷纷题词祝贺
◎黄炎培的新体诗——《1949年除夕》
◎北京中山公园、北海公园5万群众大联欢
◎上海8大戏院同时献映《新中国诞生》
◎重庆10万群众大游行，观者如堵，途为之塞
◎民族工业家畅谈"鲜明的对照"
◎京汉、粤汉铁路中断了12年的联运恢复通车
◎中央人民广播电台用国歌为开始曲
◎英文版《人民中国》创刊
◎毛泽东为《人民海军》题词

1949年9月召开的中国人民政治协商会议第一届全体会议决定，中华人民共和国采用世界通用的公元纪年，1950年1月1日就是新中国成立后的第一个元旦。这一天，《人民日报》发表了题为《完成胜利，巩固胜利——迎接1950年元旦》的社论，这是《人民日报》在新中国成立以后发表的第一个元旦社论。自此以后，每年元旦，《人民日报》都要发表一篇社论，把新一年的中心任务昭示全党全国。社论指出："1949年，中国人民取得了中国历史上空前未有的伟大胜利，而在1950年，则将全部完成并巩固这个胜利。"并提出了1950年的战斗与生产任务：

第一，以一切力量完成人民解放战争，肃清中国境内的一切残余敌人，解放台湾、西藏、海南岛，完成统一全中国的大业。

第二，厉行生产节约，动员全体人民以最大的努力恢复生产。在全国范围内，要求农业生产比1949年增产粮食100亿斤、棉花470万担。工业生产尤其是重工业生产得到初步的恢复。在生产节约的总目标下，大力提倡爱护国家的公共财产、反对浪费。

第三，准备进行或着手进行新解放区的土地改革。

第四，继续加强全国人民的革命大团结，继续加强中国与苏联和各人民民主国家的革命大团结。1950年，各地必须依照中央人民政府所颁布的省、市、县各界人民代表会议组织通则，按期召开代表会议，把它变成一种经常的制度，使我们的人民民主专政在组织上更加巩固和完备。

在这四个任务当中，两项属于民主革命内容——解放全中国和土改，一项是发展生产，一项是民主建政。到这年年底，我们再回过头来看，一系列事件，不管多么复杂，还真就是围绕这几项任务展开的。

为了隆重庆祝新中国的第一个元旦，中央人民政府领导人的题词在1月1日见报了。

朱德的题词是：为建设新中国而努力。

刘少奇的题词是：1949年是中国人民胜利最大的一年，也是困难最大的一年。1950年就要在基本上克服我们的困难与巩固我们的胜利。同胞们！同志们！为克服我们的困难与巩固我们历史性的胜利而战斗啊!

李济深的题词是:一切为着人民。

张澜的题词是:人民维新。

这四位都是中央人民政府的副主席。

政务院总理周恩来的题词是:人民胜利万岁。

欢庆新年的活动在前一天就开始了。各民主党派 12 月 30 日晚在中南海怀仁堂举行盛大的除夕联欢晚会。政务院副总理黄炎培在会上充满感情地朗诵了他的新诗——《1949 年除夕》:

火炬煌煌,

金鼓锵锵,

她秧歌,

你皮黄,

让我新诗独唱。

说什么,

"蒋家王朝陈家党",

呸!

到今朝,

只有人民力量。

别忘!

别忘!

十五年前,

二万五千里长征路上。

北京市政府在中山公园、北海公园举行新年联欢，5 万多人喜气洋洋地参加了集体游艺、舞蹈、曲艺、越野登高、冰上运动会等活动。上海全市 8 大戏院同时献映《新中国诞生》的纪录片，数以千计的工人、学生、妇女化装歌舞拜年队出现在全市各街区，他们首先向驻军贺年，全副武装的解放军列队回拜。重庆 10 万人元旦大游行，庆祝重庆、成都和大西南解放，行程 30 余里，观者如堵，途为之塞。

北京的民族工业家在辞旧迎新之际，面对新旧社会鲜明的对照，不禁感慨万端：一年前今日，正是国民党军队撤退到城里和城郊的时候，在帝国主义、官僚资本主义压迫下的民族工业，本已濒于破产的边缘，再加上国民党军队的破坏，各私营工厂相继被迫停工，很多工厂的机器、厂房遭焚毁，原料也被抢掠一空。

慈型铁工厂在北平私营工厂里算是最大的一家了，总经理宋化如说："去年新年简直是一个死年，生产完全停顿了，翻砂厂房变成了马号，锅炉上拴着战马，工人只剩了 8 个人。"而今年元旦，这个厂的工人已达到 160 多人，新中国成立后的几个月，生产日见发展，他们给华北水利推进社制造水车，为铁道部铸造锅炉。这些生产任务已经占到总生产的四分之三。宋化如感叹道："今年我们能把一个被反动军队破坏不堪的厂子发展到这个样子，回想起来，恍如隔世，工人的力量真伟大啊！今年新年我们要好好庆祝。"

大华窑业公司是京津唯一的制造瓷器工厂。总经理陈荫棠说："去年过年，厂子被军队糟蹋得一塌糊涂，窑被破坏了，碗板子、木架子都被匪军当柴火烧了，厂房里喂上牲畜，缺这个，少那个，根本不像一个工厂了。那时我们的经济状况别说开工了，连买咸菜的钱都没有！北平解放了，人民政府两次对我们贷款扶持，大华才有了今天的生产规模。"大华窑业公司职工由80多人增加到210人，新建房屋44间，增添机器3台、窑1座，设备日臻完善。在新中国成立以后的10个月里共出货250万个，比1948年全年生产量增加了4倍多。

欢庆胜利，自然不会忘记人民解放军。诗人钱小山《满江红·1950年元旦劳军献词》以诗化的语言表达了人民的此种心境：

解放军来，听到处鼓鼙声歇。有士女壶浆迎候，几番热烈。雨洗烟尘千里路，夜严刁斗中天月。好男儿服务为人民，情何切。　　旧耻辱，从头雪。反动派，从今灭。看乾坤整顿，金瓯无缺。独立旗飘民主国，自由花发英雄血。庆和平岁首共称觞，瞻京阙。

其中的"独立旗飘民主国，自由花发英雄血"两句，为人们所称颂。

1950年元旦这一天发生的国家大事还有几件。

一件是中共中央就注意处理藏民部落及寺院发出指示。刘少奇代中央起草的在给西北局、西南局及贺龙的电报中说，处理原则应该是向各少数民族极力表示好感，多和他们发生关系，不侵害并保护他们的利益，不论他们是上层或下层，是僧侣或平民。他们要求发给的保护文件应由军区、军政委员会或省政府发给，或由以上机关奉中央人民政府命令发给。他们要求派代表来北京，请西北局或西南局弄清情况并提出意见后即可送他们来京。他们的民兵要求联络，可与其联络并指定他们在本地维持治安的任务，但不要送枪给他们，不要故意扩大他们的组织。他们给毛主席来信来电致贺，均请你们以奉毛主席命答复他们，或代毛主席起草复电报主席后答复他们，而不应不理他们。因为他们现在只知道毛主席、朱总司令，而不知道其他的人，故他们的来信来电，均须答复，不可不答复。此前，西北局报告中央说，松潘、理番、懋功、茂州等地藏民部落及寺院给毛泽东的信和电报，要求发给保护他们的文书，他们的民兵要求与人民政府联络，一起消灭国民党。所以电报指出：此类少数民族事务，必须细心地注意处理，否则，他们必对我们增加疑惧。但中央离他们很远，且不了解情况，不便处理他们的问题，故他们的一切问题应由西北局及西南局处理。

电报表明，中央对少数民族，特别是藏族问题取慎重稳进的态度。

一件是京汉、粤汉两大铁路全线通车。1950年元旦，京汉、粤汉铁路全线通车。新华社为此发表评论说："京汉、粤汉两大铁路在元旦全线通车。这是中国大陆完全统一的象征，也是新中国建设事业伟大前途的象征。""京汉、粤汉两路的通车，使中国由北方国境线上的满洲里至国境南端的广州，可以由铁路交通直达，并使东北、华北、华东、中南、西北各大行政区的铁路线连成一片。这对于加强南北物资的交流和政治军事文化的联系，对于克服国家的战后困难，推进经济的恢复和建设工作，都有极大的意义。"

这一天，中央人民广播电台改用国歌为开始曲。

这一天有两个刊物创刊。一个是英文版《人民中国》半月刊杂志创刊。该刊由新闻总署国际新闻局（后来的中国外文局）主办，是第一本全面介绍新中国内政和人民生活的对外宣传刊物，下半年增发俄文版。创刊号发表毛泽东《斯大林是中国人民的朋友》以及世界工联副主席托列达诺《我看到了新中国——为〈人民中国〉创刊而作》。1958年3月，改刊名为《北京周报》。该报一直是中国对外宣传的重要窗口。

另一个是《人民海军》创刊。该刊起初是作为华东军区海军司令部政治部机关刊物。创刊号上有毛泽东、朱德、刘少奇、周恩来及华东军区司令员陈毅、副司令员粟裕的题词。毛泽东的题词是："我们一定要建设一支海军，这支海军要能保卫我们的海防，有效地防御帝国主义的可能的侵略。"朱德的题词是："虚心学习，努力工作，建设一支人民的海军。"

二、新政府"新"在哪里

◎团结各界贤能，"大家的事大家办"

◎党外人士在各级政府中占有很高比例

◎"人民的政府，不是做官，是做事"

◎周恩来首先想到了对和平解放北平立下大功的傅作义

◎周恩来亲自上门请黄炎培担任政府要职

◎政务会议每星期召开一次

◎罗隆基坦言为什么住着院还要参加政务会议

◎要让党外人士"一份职务，一份权力，一份责任，三者不可分离"

◎陈云总是将中财委的一切重大事情，用电报形式及时通报给马寅初

◎毛泽东说："有则说有，无则说无，是则是，非则非……"

之所以说中华人民共和国是新中国，就在于它有了一个新政府。新政府是人民的政府，一方面体现在它是由人民选举产生的，各级政府对人民负责。另一方面，政府的组成包括了方方面面的人士。共产党打下天下，并没有独坐天下，而是团结各界贤能，"大家的事情大家办"。

周恩来被任命为政务院总理以后，亲自挑选各部门领导人员的人选，报请中央人民政府任命。他特别重视选择党外人士担任各种领导职务。因为，一则中国共产党对如何管理这样一个大的国家缺乏经验，而党外人士中不乏人才；再则这种政府成员结构，有利于团结并带动社会各阶级、各阶层人民共同为建设新中国而努力。如此，在政务院的4个副总理中，有民主党派和无党派人士2人：郭沫若、黄炎培。

在21个政务委员中有民主党派和无党派人士11人，他们是：黄炎培、谭平山、章伯钧、马叙伦、章乃器、邵力子、黄绍竑等。

在各部、委、院、行、署93名负责人中，有民主党派和

无党派民主人士42人,他们是:

郭沫若　政务院副总理、文化教育委员会主任、中国科学院院长;
黄炎培　政务院副总理、轻工业部部长;
谭平山　人民监察委员会主任;
朱学范　邮电部部长;
章伯钧　交通部部长;
蒋光鼐　纺织工业部部长;
章乃器　粮食部部长;
李书城　农业部部长;
梁　希　林垦部部长;
傅作义　水利部部长;
史　良　司法部部长;
沈雁冰　文化部部长;
马叙伦　教育部部长;
李德全　卫生部部长;
何香凝　华侨事务委员会主任;
胡愈之　出版总署署长;
马寅初　财政经济委员会副主任;
丁贵堂　海关总署副署长。

有几位党外人士最初不愿意担任政府职务,周恩来对他们进行耐心的说服工作。如工商界主要代表人物、中国民主建国会主任委员黄炎培，就是比较典型的一人。

黄炎培，字任之，清末举人。1905年加入中国同盟会。辛亥革命后，曾任江苏省教育司司长。1917年在上海创立中华职业教育社，任理事长。次年创办中华职业学校，以"敬业乐群"为校训。1940年年底，与张澜、沈钧儒等共同发起成立中国政团同盟。传为佳话的是，黄先生曾于1945年7月访问延安的故事，他后来写了著名的《延安归来》一书。在延安时，他告诫毛泽东，大意是说，历史上的周期律是，革命党开始时聚精会神，用心卖力，待到环境渐好，就惰性发作了。风气养成之后，虽有天力，无法扭转，并且无法补救。然后就是"政怠宦成""人亡政息"，或者"求荣取辱"。"总之没有能跳出这周期律"。毛泽东当时信心十足地告诉他：我们已经找到新路，我们能跳出这周期律。这条新路就是民主。只有让人民监督政府，政府才不敢松懈。只有人人起来负责，才不会人亡政息。

黄炎培1949年出席全国政协第一届全体会议。黄炎培过去曾多次拒绝过旧政府的高官厚禄，这次也不例外。1949年10月11日晚，周恩来亲自前往在安儿胡同的黄炎培家中拜访，诚恳地请他担任政府公职。黄炎培抱定初衷，说："1946年我才68岁，已觉得年老了，做不到官了。如今72岁，还能做官吗？"周恩来恳切地说："这不同于旧社会做官，现在是人民的政府，不是做官，是做事，是为人民服务。"经过两个多小时的恳谈，黄炎培被说动了，但他表示考虑考虑。次日早，黄炎培征询了江问渔、杨卫玉等好友的意见，他们一致认为，在周恩来代表中共中央求贤的盛情邀请之下，应该接受在政务院的职位。这天晚上，周恩来再次登门听取黄炎培的答复。黄炎培高高兴兴地表示愿意出任政务院副总理兼轻工业部部长。①

周恩来又提出无党派民主人士李书城担任农业部部长。当时许多人对李书城还不很熟悉。为什么要委任一位大家不甚了解的人来当农业部部长呢？周恩来解释说：他是同盟会的早期会员之一，辛亥革命首义时在武汉当过革命军总司令黄兴的参谋长，后来又投身讨袁护国战争和护法战争，在旧民主主义革命中起过重要的作用。同时，中共一大就是在他家召开的，在中国人民的解放事业中，他还做过一些有益的工作。这一安排体现了照顾民主人士的各个方面。周恩来后来专门派薄一波去找李书城谈话，请他出任新中国第一任农业部部长。

此外，周恩来也请了在旧中国拒绝高官厚禄的耿介之士、著名林业专家梁希出任新中国第一任林垦部部长。

另外值得一提的是对傅作义的安排。应该说周恩来首先就提出让对和平解放北平立下大功的起义将领傅作义出任水利部部长。傅作义当年在绥远时，曾在兴修河套水利工程方面做过许多实事。周恩来在安排傅作义出任水利部部长时，特意让李葆华当水利部副部长、党组书记，协助傅工作。周恩来还请傅作义推荐人选进水利部领导班子。傅作义推荐了两位，一位是原国民党黄河治理委员会技术专家张含英，一位是曾任国民党中央执行委员会执行委员、北平市市长的刘瑶章。②

---

① 金冲及主编：《周恩来传》，中央文献出版社年1998年版，第962页。
② 童小鹏：《风雨四十年》第二部，中央文献出版社1996年版，第49～50页。

再如对蒋光鼐的安排。蒋光鼐曾是国民党第 19 路军的总指挥，淞沪警备区司令。1933 年 11 月与李济深、陈铭枢、蔡廷锴公开宣布与蒋介石决裂，在福建成立中华共和国人民革命政府。抗战胜利后，任国民党第七战区副司令长官。1946 年参与发起组织中国国民党民主促进会。新中国成立时，已有 61 岁。他曾认为"自己的历史使命已经完成，当个政协委员有地方支薪水就行了"。所以，开始周恩来总理找他谈话，希望他出任中央纺织工业部部长，他没同意。后来，总理找李济深帮助做工作，他才接受了这一重任。①

周恩来诚恳地请党外人士出任中国第一届"内阁"成员，许多党外人士十分满意，说中国共产党真是"煞费苦心，十分周到"。有人曾经说：周总理是"周"总理啊！这里所说的"周"就是"周到"的意思。②

周恩来还十分重视发挥政务会议的作用。参加政务会议的成员是总理、副总理、秘书长和政务委员。每星期召开一次，从 1949 年 10 月 21 日到 1950 年 10 月 20 日共举行过 55 次。一年间开了 55 次，可见它是作为一项定制执行的。每次政务会议都由周恩来主持，所讨论的内容为政务院的重要决策和人事任免。周恩来把这个会议看作是听取各方面的意见、集思广益、妥善作出决策的重要方式。因此，会上人人都可畅所欲言，各抒己见。据担任政务院副秘书长的孙起孟回忆：

---

① 《多党合作纪实》，中国文史出版社 1993 年版，第 169 页
② 金冲及主编：《周恩来传》，中央文献出版社年 1998 年版，第 963 页。

政务委员之一罗隆基，号努生，是民主同盟的负责人。罗隆基同我谈过他对政务会议的看法，我以为这位非共产党员的政务委员很有代表性。我同罗隆基40年代在昆明就相识，可以随便交谈。有一天我问他："努生先生，你为什么住医院还要参加政务会议呢？"他稍微沉吟了一下，讲了一段话："说实在的，有些会我并不乐意参加，觉得参加没有多大意义。可是政务会议在我心目中却大不相同，不论我怎么忙，身体怎么不好，总要参加。这是为什么呢？不是政务会议上的什么事情我都有兴趣，也不是这个人那个人的讲话我都喜欢听，而是有一点深深地吸引了我，那就是在每次政务会议上，周总理总有一篇讲话，得到的教益很深很深，对我就像是上了一次大课，所以我舍不得来。周总理的讲话见解精辟，纲举目张，其水平之高是一般领导人所达不到的。然而它的最大特点还不在此，而在于周总理在讲话中把其他人发言时哪怕有一点可取之处，也吸收进去，加以肯定；同时对包括我在内的其他与会人员发表的并不正确的意见，采取极其高明的方式实际上加以纠正，使人真正心悦诚服。"

罗隆基上述这些话是真诚的，证明了周总理主持会议、发表讲话，的确收到最佳的政策效应。周总理说过："为什么政务会议每个星期开一次呢？难道我也是闲着没事干，高兴每个星期开一次会吗？不是的。这是有好处的。"好处在哪里？从根本上说，这是建设社会主义民主政治的需要，是按《共同纲领》所规定的民主集中制处理国家事务。从作为建设国家领导核心的中国共产党来说，完全有必要虚心听取各种意见，所谓"兼听则明，偏听则暗"①。

新政权精心安排非党人士担任重要职务，不是把他们当个摆设，做做样子，而是要求党的各级干部认真切实负起自己工作职责范围内的责任的同时，还要让非党人士有职有权。这一点无论是中央人民政府主席毛泽东还是政务院总理周恩来都十分重视。他们提出"一份职务，一份权力，一份责任，三者不可分离"的原则，指示在政府中担任各级正副领导职务的人员之间进行适当分工，要求共产党员尊重非党员的职权，在他们职权范围内，使他们有可能与闻一切应该与闻的事情，同他们商量一切应该商量的事情，向他们报告和请示一切应该报告和请示的事情。同时，帮助他们积极履行责任，做出成绩。

中财委主任陈云不仅不拘一格选用人才，也注重新老干部的团结，尤其是对党外民主人士。在他的主持下，中财委党组专门下发过一个要求党内同志做好党外人士团结工作的通报。通报指出：（一）要使党外人士有职有权，这不是句空话，共产党员应保证这句话不折不扣地实现，不能因为党内已有决定，就不去同党外人士商量。该商量的必须商量，该请示的必须请示，该经过的必须经过，在工作中遇到党外人士有不同意见时，不应作硬性规定。（二）一切重要决定，必须应该有参加的党外人士参加决定。这绝不只是形式，而应该取得他们的

---

① 《人民日报》1994年5月25日。

实际同意,使他们真正感觉到有参加决定大事之权。(三)有些日常处理的重要事情(如电报、公文)和上级来的指示、下级来的报告,均应使应该看到的党外人士看到,使他们知道每天在做什么事情。(四)用人也应与党外人士商酌,党外人士所举荐的人,更应该慎重考虑,能用尽量予以录用。陈云不仅这样要求下面,而且自己率先垂范。担任中财委副主任的马寅初因兼任浙江大学校长,经常不在北京,陈云总是将中财委的一切重大事情,用电报形式及时向他通报,并征求他的意见。

当时,中财委领导了21个部和直属局,各部的部长对本部的工作作报告,非党人士担任部长的就由非党人士作报告,如轻工业部就让黄炎培作报告,水利部就让傅作义作报告。开始他们情况不熟,报告后由副部长补充。久了情况熟了,连补充也不需要。同时有任务也责成他们负责完成,比如河水决口,要水利部负责,傅作义自然会下去布置。有职、有权、有责,自然就发挥出他们的积极性了。

再有,就是允许党外人士议政,提出批评和建议。任何工作都有可能存在不足或缺点错误,敢不敢让人批评,反映了人民政府有无气魄和胸襟,更体现了政治上是否成熟和有力量。新中国成立初期人民政府不怕批评,而且欢迎批评,主动征求批评。1950年5月,毛泽东收到黄炎培反映苏南川沙、奉贤等县征粮工作中存在偏差的意见后,两次发电报要求苏南区委书记陈丕显派人或亲自去调查此事,叮嘱他"按照实事求是精神,有则说有,无则说无,是则是,非则非,逐一查明,并加分析具报"。在土改中，北京市组织北大、清华等高等学校教授分赴华东、中南、西北三大区实地考察，回来后许多人写文章，作报告，畅谈感想，反映甚好。毛泽东很重视这个经验，要求《人民日报》转载他们的文章，并多次致电各地负责干部，强调只要民主人士、大学教授愿意看土改的，应放手让他们去看，不要对他们戒备，不要只让他们看好的，也要让他们看坏的，要让他们议论纷纷，自由发表意见。同样，毛泽东在镇反运动中，也反复强调民主人士与闻镇反、参加审案。

这些做法，在实践中坚持下去，逐渐地形成了一套可遵循的具有操作性的程序、规定和办法，并成为一项制度。把这项制度加以理论化，就是我们今天所说的中国共产党领导的多党合作和政治协商制度。

三、崭新的外交风格

◎"另起炉灶"

◎"打扫干净屋子再请客"

◎"一边倒"

◎新中国的第一个外交文件和第一份照会

◎苏联第一个同中国建交

◎一批人民民主国家相继同中国建交

◎周边国家先后承认中国

◎在西方国家中英国最早承认中国

从鸦片战争到新中国成立前的 100 多年间，中国人民对外交的切身感受就是洋人可以跑到中国来横行霸道，作威作福，而中国人见了洋人只能卑躬屈膝，点头哈腰。中国接受一个又一个不平等条约，从没有说半个"不"字。无怪乎不少仁人志士面对中国在国际上的屈辱地位，只有痛心疾首地哀叹："弱国无外交。"

周恩来曾经深刻地指出：

> 清朝的西太后，北洋政府的袁世凯，国民党的蒋介石，哪一个不是跪倒在地上办外交呢？中国 100 年来的外交史是一部屈辱的外交史。我们不学他们。我们不要被动、怯懦，而要认清帝国主义的本质，要有独立的精神，要争取主动，没有畏惧，要有信心。

解放战争三大战役结束后不久，关于即将建立的新中国应该采取什么样的外交方针，这一重大问题就已经提上了中共中央的议事日程。1949 年上半年，毛泽东先后提出了"另起炉灶""打扫干净屋子再请客"和"一边倒"三项外交政策，使新中国外交有了明确的方向和鲜明的风格。

"另起炉灶"，说白了就是重新打鼓另开张，就是要同旧中国丧权辱国的外交一刀两断，不承认国民党政府同任何国家建立的外交关系，将 1949 年 10 月以前驻在中国的各国使节只当作普通侨民对待。各国要同新中国建交，就要在互相尊重主权、领土完整和平等互利的基础上，经过谈判，建立新的外交关系。鉴于国民党集团盘踞着台湾并霸占着在联合国的中国席位，因此，建交谈判必须明确三条原则：第一，凡愿与新中国建交的国家，必须同盘踞在台湾的国民党集团断绝外交关系；第二，对新中国采取友好态度，支持其恢复在联合国的合法席位；第三，通过谈判证实其尊重中国主权的诚意。

"打扫干净屋子再请客"。这就是说要对旧中国同外国签订的一切条约和协定重新审查处理，在清除帝国主义在华特权和影响之后，再让外国客人进来。正如毛泽东在中共七届二中全会上所说的："应当采取有步骤地彻底摧毁帝国主义在中国的控制权的方针。"这包括控制中国政治和经济命脉的驻军权、自由经营权、内河航行权、海关管理权等。按照这一方针，新中国不仅废除了一切不平等条约，恢复并巩固了中国的独立与主权，而且为同世界各国建立与发展新的平等互利合作关系开辟了道路。

"一边倒"。新中国成立时所面对的是美苏两个大国，由第二次世界大战时的国际合作走向战后对抗，西方资本主义国家同人民民主国家相互对峙形成冷战的世界格局。在既定的国际环境中怎样选择最有利于中国的外交方针，是立国兴邦的重要问题。中国革命胜利前后，美国一面无可奈何地承认其"扶蒋反共"政策的失败，一面仍顽固地与中国人民为敌。对中华人民共和国的成立，美国政府发表声明表示拒绝承认和反对恢复中华人民共和国在联合国的合法席位，并不断施加压力，阻挠其他国家承认，企图在政治上孤立新中国。尤其令人不能不保持警觉的是，美国大力扶持日本，在对日和约问题上设置障碍。美国及其追随者还对中国大陆实施军事包围和全面的经济封锁。而斯大林领导下的苏联对中国人民及其革命斗争抱着友好和支持的态度，对中国革命的胜利起了一定的积极作用。1949年6月，刘少奇受中共中央委派访问苏联，希望新中国成立后首先得到苏联的承认，并商谈新中国的经济建设和经济援助问题。会谈很顺利。当年8月，斯大林就派出以科瓦廖夫为团长，由200多名副部长以上官员和高级工程师组成的顾问团到中国。正是在这样的历史背景下，出于对国家安全和国际承认的考虑，以及从哪里可以得到经济援助的现实利益出发，毛泽东在1949年7月1日发表的《论人民民主专政》一文中鲜明地提出了"一边倒"的外交方针：

> 一边倒，是孙中山的40年经验和共产党的28年经验教给我们的，深知欲达到胜利和巩固胜利，必须一边倒。积40年和28年的经验，中国人民不是倒向帝国主义一边，就是倒向社会主义一边，绝无例外。骑墙是不行的，第三条道路是没有的……我们在国际上是属于以苏联为首的反帝国主义战线一方面的，真正的友谊的援助只能向这一方面去找，而不能向帝国主义战线一方面去找。①

9月29日，中国人民政治协商会议第一届全体会议通过的《共同纲领》接受了这一方针。

---

① 《毛泽东选集》第四卷，人民出版社1991年版，第1472~1475页。

1949年10月1日，毛泽东在天安门城楼上庄严宣告：

> 本政府为代表中华人民共和国全国人民的唯一合法政府。凡愿遵守平等、互利及互相尊重领土主权等项原则的任何外国政府，本政府均愿与之建立外交关系。

同一天，周恩来以外交部长的名义向各国政府发出了公函，内称：

> 毛泽东主席已在本日发表了公告。我现在将这个公告随函送达阁下，希为转交贵国政府。我认为，中华人民共和国与世界各国建立正常的外交关系是需要的。

周恩来把公告和信函交给工作人员打印时，兴奋地说："这将是我们新中国的第一个外交文件，是通过使领馆向外国政府发出的第一个照会。"[1]

"一边倒"方针得到了迅速的回应。就在毛泽东站在天安门城楼上宣告新中国成立后仅仅两个多小时，从苏联首都便发来了世界上第一份外交贺电，祝贺中华人民共和国成立，正式承认中华人民共和国中央人民政府。

10月2日，苏联外交部副部长葛罗米柯受苏联政府委托致电周恩来外长：

---

[1] 金冲及主编：《周恩来传》，中央文献出版社1998年版，第990页。

> 由于力求与中国人民建立真正友好的关系的始终不渝的意愿,并确信中国中央人民政府是绝大多数中国人民意志的代表者,故特此通知阁下:苏联政府决定建立苏联与中华人民共和国之间的外交关系,并互派大使。

苏联政府同时断绝了同国民党"广州政府"的外交关系。10月3日,周恩来外长电复葛罗米柯副外长:

> 中央人民政府深信苏联政府具有对中国人民的深厚友谊,今天又成为承认中华人民共和国的第一个友邦,中国政府和中国人民对此感到无限的欢欣。我现在通知阁下,中华人民共和国中央人民政府热忱欢迎立即建立中华人民共和国与苏联之间的外交关系,并互派大使。

中苏两国立即派出外交代表。中国政府委任戈宝权为中华人民共和国驻苏联大使馆参事兼临时代办,苏联政府委任齐赫文斯基为苏联驻华大使馆参事兼临时代办,各自先行开始使馆工作。

接着,双方正式任命了大使。苏联政府任命罗申为驻中华人民共和国特命全权大使,中国政府任命王稼祥为驻苏联特命全权大使。

10月10日,苏联驻华大使罗申乘专车抵达北京。中国政府给予特殊的礼遇,周恩来、董必武、聂荣臻、沈钧儒、郭沫若等,以及3000多名各界群众到车站迎接。周恩来在致辞中说:"从此,中苏两国邦交进入了一个崭新的历史时代。"罗申大使到达使馆后,使馆升起了苏联国旗。10月16日,罗申大使向毛泽东主席呈递国书。

10月20日,中国驻苏联大使王稼祥离京,《人民日报》发表题为《把中国人民的友情带到苏联去》的社论。31日,王稼祥抵达莫斯科,受到葛罗米柯副外长及莫斯科市主要负责人的欢迎。从苏联一方来看,这也是超过惯例的礼宾接待。

中苏两国建交,带动了一批人民民主国家在不到两个月的时间内相继与新中国建交。按照时间顺序,这些国家依次是:保加利亚(10月4日)、罗马尼亚(10月5日)、匈牙利(10月6日)、朝鲜(10月6日)、捷克斯洛伐克(10月6日)、波兰(10月7日)、蒙古(10月16日)、德意志民主共和国(10月27日)、阿尔巴尼亚(11月23日)。

这一下,新中国的外交局面就打开了,其意义可不一般。毛泽东曾经很担心外交承认的问题,他觉得如果新中国成立后3天还没有国家承认,就有问题了。

根据"另起炉灶"的原则,到1950年3月,邻近中国的缅甸、印度、巴基斯坦、锡兰、阿富汗相继承认中华人民共和国,英国、挪威、丹麦、芬兰、瑞典、瑞士、荷兰等欧洲国家也先后承认中华人民共和国。

同印度、缅甸、巴基斯坦、丹麦、瑞典、瑞士等国的建交谈判进展比较顺利,均很快达成协议,互派了外交使节。同挪威、阿富汗、锡兰等国或因谈判被推迟,或因遇到困难,分别到1954年、1955年和1957年才建交。

英国是最早承认新中国的西方国家之一，但在美国的影响下，又不愿意接受中国政府提出的合情合理的建交条件，建交过程比较复杂。1954年日内瓦会议期间，中国考虑到英国在印度支那问题上采取了有别于美国的立场，英国保守党政府又一再表示愿意同中国改善关系，但英国对中国在联合国的代表权问题仍不明确表态，所以，只同意与英国互换代办，其任务是谈判建交并处理两国间的侨务和贸易问题。

中荷建交谈判同此类似，双方直到1954年11月才同意仿照英国的办法互换代办。

尽管如此，在打破美国孤立新中国这一点上，是新中国外交的胜利。

四、中苏两大国结盟

◎毛泽东第一次走出国门

◎访苏的三个目的

◎雅罗斯拉夫尔车站敲响12点

◎斯大林称赞毛泽东："伟大，真伟大！"

◎毛泽东提出搞一个既好看又好吃的东西

◎毛泽东为斯大林70寿辰致辞，全场三次起立长时间鼓掌

◎英国一家通讯社传出毛泽东被软禁的谣言

◎周恩来率政府代表团抵达莫斯科

◎《中苏友好同盟互助条约》签订

◎"斯大林还是可以跟人家妥协的"

◎"你们要做刘宗敏，我可不想当李自成！"

◎中苏签订了三个合营股份公司的协定

1949年12月6日，北京刚下过一场大雪。大雪初霁，空气格外清新。毛泽东一行来到火车站登上了开往莫斯科的特快专列。这次出访苏联是毛泽东平生第一次走出国门。在他的一生中总共出过两次国，第一次是苏联，第二次也是苏联。第二次访问苏联是在1957年。

毛泽东此次访问苏联，目的有三：一是祝贺斯大林70寿辰，共同交换对世界形势的意见；二是和苏联订立条约；三是向苏联借款。这三条中最重要的是第二条，因为苏联1945年同国民党政府订立的《中苏友好同盟条约》，是根据苏、美、英雅尔塔秘密协议签订的，严重损害了中国利益，在新中国成立后理应加以废除而另立新约。

专列经满洲里出境，行驶在广袤无垠的苏联远东平原上。沿贝加尔湖北行，经过11天的旅途颠簸，12月16日中午，毛泽东抵达莫斯科雅罗斯拉夫尔车站。当列车徐徐驶进站台时，伊万大帝钟楼上的大钟悠然敲响12下。这不是巧合，而是苏方刻意安排的。顿时，车站鼓乐齐鸣，欢声雷动。毛泽东由登车问候的苏联官员陪同，向人群挥手致意。在车站举行的隆重而简短的欢迎仪式上，毛泽东发表了热情洋溢的讲话：

亲爱的同志们和朋友们：

我这次获有机会访问世界上第一个伟大社会主义国家

苏联的首都，是生平很愉快的事。中苏两大国人民是有深厚友谊的。十月社会主义革命之后，苏维埃政府根据列宁、斯大林的政策，首先废除了帝俄时代对于中国的不平等条约。在差不多30年的时间内，苏联人民和苏联政府又曾几次援助了中国人民的解放事业。中国人民在患难中，得到苏联人民和苏联政府这种兄弟般的友谊，是永远不会忘记的。

目前的重要任务，是巩固以苏联为首的世界和平阵线，反对战争挑拨者，巩固中苏两大国家的邦交，和发展中苏人民的友谊。我相信，由于中国人民革命的胜利，和中华人民共和国的成立，由于新民主主义国家及世界爱好和平人民的共同努力，由于中苏两大国的共同愿望和亲密合作，特别是由于斯大林元帅的正确的国际政策，这些任务必将会充分实现并获得良好的结果。

中苏友好与合作万岁！

当天下午6时，斯大林在他的克里姆林宫办公室的会客厅会见了毛泽东。斯大林端详着毛泽东，连声称赞道："伟大，真伟大！你对中国人民的贡献很大，是中国人民的好儿子！我们祝愿你健康！"毛泽东则半带着诙谐而又意味深长地说："我是长期受打击、受排挤的人哦，有话无处讲……"斯大林连忙打断翻译的话，重申几个月前他向刘少奇讲过的话："胜利者不受审的，谁也不能谴责一位胜利者，这是一般的公理。"这一席话，使会见的气氛轻松起来。

在首次会谈中，斯大林盛赞中国革命的胜利将改变世界的天平，加重国际革命的砝码，他衷心祝贺这个胜利，并希望中国同志取得更多更大的胜利。毛泽东提出：目前最重要的问题是建立和平。中国需要和平的环境，把经济恢复到战争前的水平，并从总体上使国家稳定。中国对重大的问题的决定，取决于今后的和平前景。

国际和平如何保持，能维持多久？斯大林表示：和平依靠我们的努力。那样，和平不仅能保持5年到10年，而且能保持20年到25年，或者更长的时间。

接着，毛泽东提出《中苏友好互助同盟条约》的问题。斯大林不愿签订新的中苏条约。他表示，1945年那个条约是根据《雅尔塔协定》签署的，可以说得到了美国和英国的同意。毛泽东说：照顾《雅尔塔协定》合法性是必要的，但中国社会舆论有一种想法，认为原条约是和国民党签订的，国民党既然倒了，原条约就失去了意义。斯大林说：原条约是要修改的，大约两年以后，并且须作相当大的修改。毛泽东说：恐怕是要经过双方协商搞出个什么东西，这个东西应该是既好看又好吃。言下之意，是指中苏结盟不但有一个在全世界看来十分明了的条约形式，而且要有实实在在的互助互利的具体内容。然而，这种富有哲理且充满了东方式的幽默的话，斯大林等苏联领导人竟然未能理解。

12月21日，毛泽东出席了在莫斯科大剧院举行的庆祝斯大林70寿辰大会。在与会的13个国家和共产党代表中，毛泽东第一个登上讲台，代表中国人民和中国共产党致辞。他高度评价了斯大林对国际共产主义运动做出的杰出贡献。在短短的500余字的致辞中，受到全场3次起立长时间的鼓掌。及至精彩的演出结束，全场观众不约而同地回过头来，向同坐在一个包厢内的中苏两大国的领袖热烈鼓掌，"斯大林——毛泽东！斯大林——毛泽东！"的欢呼声在大厅里回荡，经久不息。至此，毛泽东此次莫斯科之行的第一项任务圆满完成。

可是，关于中苏缔结联盟条约等重要问题，却一直未能进一步协商。12月24日，斯大林同毛泽东第二次会谈时。从晚上11时半一直谈到次日晨5时。一边吃饭，一边谈话，"极为酣畅"。谈话内容涉及国际共产主义运动的有关问题，包括越南问题、日本问题、印度问题、西欧问题等，就是对中苏条约只字不提。毛泽东问斯大林周恩来是否应来莫斯科，斯大林用了一个不成为理由的理由："政府主席现已来此，内阁总理又来，在对外观感上可能有不利影响。"不让周恩来到莫斯科谈，表明斯大林仍然不想另订新约。

毛泽东到莫斯科已经十多天了，参加斯大林70寿辰活动的各国代表团先后离去，唯独毛泽东留下来。斯大林几乎每天都派人打电话询问毛泽东的生活，却始终不提签约之事，也不再会见毛泽东，采取了拖的办法。毛泽东很失望，一连几天闭门不出。

此时，英国一家通讯社传出毛泽东被软禁的谣言。消息一传出，苏联方面也颇为紧张。为了戳穿谣言，经中苏双方同意，决定由毛泽东发表一个和塔斯社记者的谈话。据毛泽东后来说，这篇《答记者问》文本草稿是由苏方联络员科瓦廖夫起草的。另据随毛泽东访苏的师哲和汪东兴的回忆和日记，都说是由中国驻苏大使王稼祥提议，以毛泽东答塔斯社记者问的形式，在报上公布毛泽东到苏联的目的。因此，可以说《答记者问》是由王稼祥提议，科瓦廖夫撰写，经斯大林批准，在得到毛泽东同意后，《真理报》刊载，而《人民日报》照塔斯社稿译发的。

1950年元旦这天，毛泽东在下榻的位于莫斯科郊外的姐妹河别墅（原斯大林的别墅）里接见苏联驻华大使罗申。毛泽东说，最近几天，从北京获悉，缅甸和印度政府愿意承认中华人民共和国。中国政府对此的立场是，如果他们真诚希望同中华人民共和国建立外交关系，它们就应该首先同蒋介石断绝一切相互关系，断然放弃对这个政权的一切支持和援助并对此发表声明。在这些国家政府接受中国政府上述建议的条件下，缅甸和印度政府可以派遣自己的代表到北京谈判。还有消息说，英国和英联邦的其他国家最近也将采取承认中华人民共和国的步骤。明里看，毛泽东的这番话强调的是"另起炉灶"这个新中国的外交原则，实则是在给斯大林透露信息，国际上是有新动向的，承认新中国的国家不仅有印度这样的民族主义国家，还有英国这样的西方国家，苏联不应该再拖下去了。

毛泽东在谈到自己的健康状况时说，经过两周的休息之后已有好转。最近四天睡眠正常，一天八小时，并且不用服安眠药，感到自己精神饱满多了，但外出散步时，在户外还不能超过一刻钟，感到头晕。因此打算再静养一周，并彻底恢复正常的睡眠。毛泽东表示，休息一周后，想拜会一些苏联的国家领导人，这些拜会将采取正常谈话的方式，不会谈任何专门的题目或讨论实质性问题。在此期间，希望会见斯大林，进行实质性会谈。实质性会谈结束后，打算向列宁墓献花圈，参观地铁，去几个农庄看看，去剧院看戏。毛泽东强调，不准备参观工厂和接见大批客人，也不发表公开讲话。他最后表示，曾想在苏联逗留3个月，但最近因国内工作需要，准备将停留时间减少到2个月。想在1月底离开莫斯科，2月6日返抵北京。

这段话其实也是有所指的。一方面，表明自己的身体没有大问题，想要多了解苏联的情况。方式有两种，一是和苏联领导人谈话；二是出去走一走，看一看。毛泽东点名要见的人有：苏联最高苏维埃主席团主席什维尔尼克，苏联部长会议副主席莫洛托夫，苏联最高苏维埃主席团主席伏罗希洛夫，苏联部长会议副主席贝利亚，苏联部长会议第一副主席马林科夫，苏联元帅、苏联武装部队部长华西列夫斯基以及外交部长维辛斯基等。毛泽东是成熟的政治家，为了不致斯大林多心，特别说明，和这些人谈话，不谈实质性问题，也不谈专门的题目，只是"平常谈话的方式"。最后，毛泽东明确地告诉斯大林，他在苏联逗留的时间要比原来的计划提前。这些，都在暗示斯大林抓紧时间认真对待毛泽东和中国政府的要求。

罗申表示，对毛泽东的所有愿望明日即报告政府。

会见结束后，毛泽东邀罗申共进午餐。

之后，还是在元旦这天，科瓦廖夫遵照斯大林的指示，会见毛泽东，谈毛泽东对塔斯社记者谈话一事。在科瓦廖夫起草的草稿上面有斯大林的签字。毛泽东阅后说，《答记者问》的形式和内容都"很好",没有什么需要说明和补充的。

1月2日,苏联《真理报》发表毛泽东对塔斯社记者的谈话。记者问:中国目前的情势如何?毛泽东答:中国的军事正在顺利进行中。目前,中国共产党和中华人民共和国中央人民政府正在转入和平的经济建设。记者问:毛泽东先生,您在苏联将逗留多久?毛泽东答:我打算住几个星期。我逗留苏联时间的长短,部分地决定于解决有关中华人民共和国利益的各项问题所需的时间。记者问:您所考虑的是哪些问题,可否见告?毛泽东答:在这些问题当中,首先是现有的中苏友好同盟条约问题,苏联对中华人民共和国贷款问题,两国贸易和贸易协定问题,以及其他问题。此外,我还打算访问苏联几个地方和城市,以便更加了解苏维埃国家的经济与文化建设。这个谈话,不仅消除了西方国家的不实之说,而且明白无误地把毛泽东此行的目的和盘托出。

事情终于发生了转折,斯大林同意周恩来来莫斯科谈判。

1月10日,周恩来率中华人民共和国政府代表团离开北京,20日抵达莫斯科。从23日起,由周恩来、李富春、王稼祥同米高扬、维辛斯基、罗申具体会谈协商。

4日,周恩来起草新的条约草案,在名称上加"互助"二字,正式定名为《中苏友好同盟互助条约(草案)》,经毛泽东同意,送交维辛斯基。25日,毛泽东致电刘少奇通报会谈进展情况说:现正起草第二个文件,即关于旅顺、大连、中长路协定,大约今日可以完成草案,并已决定在三天内准备好第三个文件,即中苏易货协定。工作是颇为顺利的。电报指示:兹将中苏友好同盟互助条约草案发上,请中央加以讨论,并电告意见。

25日,刘少奇主持中央政治局会议,讨论中苏友好同盟互助条约草案,并将会议一致同意草案电告毛泽东。

31日,毛泽东致电通报会谈进展:中苏友好同盟互助条约一件,中苏关于中长路、旅顺口、大连协定一件,附议定书一件,贷款协定一件,附议定书一件,以上五件草案均经双方看过修改过,今日再谈一次即可大体定案。此五件明日起可以陆续发给你们。同过去情况不同的,即是苏方已应我方要求,将中长路、旅顺口在三年内无条件交还给我们,大连则在一年内将产权交还给我们,唯自由港地位待对日和约订立后解决,系为应付美国,实际上亦完全由我处理。至此,中苏谈判中涉及中国主权的三个重要问题,即中长路、旅顺口、大连的归属权问题,大体符合中方意见,获比较圆满解决。

2月5日,周恩来起草毛泽东致刘少奇电:现将《中苏关于长春铁路、旅顺口及大连的协定》及其议定书、《中苏关于贷款给中华人民共和国的协定》及其议定书、《中苏两国外交部长的换文》共七个文件发回。收齐后,先提中央政治局讨论,在签字的前一日,再召集中央人民政府委员、全国政协常务委员座谈会传阅文件,作解释性的报告,取得大家同意。

2月9日晚,刘少奇主持政治局会议,讨论中苏友好同盟互助条约,中苏关于中长路、旅顺口、大连协定,中苏关于贷款协定三个草案等七个文件。会后,刘少奇致电毛泽东:大家同意这些文件,但贷款协定书前言"鉴于苏联因为战略原料

（钨、锑、锡）之不足而在一种被限制地位，中华人民共和国中央人民政府为照顾苏联愿望"数句似可删去，只说两国同意售给苏联下列原料。次日，毛泽东复电：借款议定书前言数句，意即为中国对苏联之报酬，不宜删去。14日上午4时至7时半，刘少奇主持召开中央人民政府和全国政协负责人讨论中苏谈判文件座谈会，到会50余人。会后，刘少奇致电毛泽东：会议对中苏友好同盟互助条约及中长路、旅顺口、大连协定，贷款协定及议定书与换文，全体一致拥护，同意立即签字。

谈判后期，上海于2月6日遭到台湾国民党飞机轰炸，中国要求苏联提供空军保护。斯大林提出，苏中要签订一个秘密协定，规定在苏远东边疆区和中国的东北、新疆，不向外国人提供租让权，不许第三国或其公民以直接或间接形式参与投资的工业、金融、商业和其他企业、公司和组织从事活动。实际是苏方想在中国东北和新疆搞两个势力范围。毛泽东起初不肯签订这一协定，但考虑到当时美、英都是敌视中国的西方国家，为照顾中苏团结的大局，作了让步，同意将其作为中苏友好条约的《补充协定》。这以后，斯大林表示要把东北的敌伪财产和在北京的苏联财产由中方接收，答应苏联向中国提供空中保护。

2月14日，《中苏友好互助同盟条约》及贷款、通商、民航等项协定的签字仪式在克里姆林宫举行，由周恩来和苏联外长维辛斯基分别代表本国政府在文件上签字，斯大林和毛泽东出席签字仪式。签字仪式结束后，斯大林举行了招待宴会。

在条约签字的当天，毛泽东认真地修改了准备于次日发表的新华社社论《中苏友好合作的新时代》。毛泽东还电告国内："请乔木负责改正校好无讹,并请少奇同志精校一遍,务使毫无遗憾,与中苏双方所发表的条约及协定内容完全一致。否则参差不齐,影响很坏。务请注意,至要至要!"

对于社论的原稿,毛泽东作了十多处修改,共删除191个字,其中有的是整句删除。如:

> 同时中国则出售给苏联以苏联所不足的战略原料用以偿付苏联的贷款,这点对于苏联方面也是有利的。
>
> 中苏关于友好同盟互助条约的补充协定乃是为了保障两国国防利益的一项必要的措施,这项措施对于中苏两国来说都是有利的。

毛泽东如此细致,反映出他对中苏同盟的珍视和谨慎。

当晚,中国驻苏大使王稼祥在莫斯科大都会饭店举行盛大招待会。斯大林亲自到会,这在他是打破惯例的举动,一般来说,他不参加克里姆林宫以外的宴会。

2月17日,毛泽东、周恩来等乘专列离开莫斯科。毛泽东在莫斯科火车站发表了临别演说。他说道:

> 亲爱的同志们、朋友们:
>
> 我和中国代表团同人周恩来同志等这次在莫斯科会见了斯大林大元帅及苏联政府其他负责同志,我们相互间在中苏两大国人民根本利益的基础上所建立起来的充分了解

与深厚友谊，是难以用言语来形容的。人们可以看得见：业已经过条约固定下来的中苏两大国人民的团结将是永久的，不可破坏的，没有人能够分离的。而这种团结，不但必然要影响中苏两大国的繁荣，而且必然要影响到人类的将来，影响到全世界的和平与正义的胜利。

留在苏联的时期内，我们曾经参观了许多工厂和农场等，看见了苏联工人、农民和知识分子从事社会主义建设的伟大成就，看见了苏联人民在斯大林同志和联共党的教育之下所养成的革命精神与实际精神相结合的作风，证实了中国共产党人历来的信念，即：苏联经济文化及其他各项重要的建设经验，将成为新中国建设的榜样。

4月10日，毛泽东在主持全国政协常委会时，有段插话，解答委员中间的一些疑问。他说，中苏两国协商的问题，第一是有关两国的问题，第二还要是重大问题。如对日合约问题就是有关两国的重大问题。有些即使是重大问题，也不一定都与两国有关，那也不一定商量。还有如大连为什么不讲交还，这表示大连就是我们的，不存在这个问题，剩下的是自由港问题。中苏条约只限于与苏联有关的问题，大连自由港这一点不同，与美、英等国有关系，所以我们只讲在缔结对日和约后再处理，到时看情况。中苏条约订下来比不订好，订下来，就有了依靠，可以放手做别的事。现在把两国的友谊在条约上固定下来，我们可以放手搞经济建设，外交上也有利。为建设，也为外交，而外交也是为建设。我们是新起的国家，困难多，万一有事,有个帮手,这减少了战争的可能性。

毛泽东的一席话,道出了中苏结盟的历史性意义。因为是在内部讲,话就说得比较直白。而在大会上讲的,就比较冠冕堂皇。

4月11日,中国中央人民政府和苏联最高苏维埃主席团分别正式批准《中苏友好同盟互助条约》及有关协定。毛泽东在讲话中指出:"我们曾经指出,实行人民民主专政和团结国际友人是巩固革命胜利的两个基本条件。这次缔结的中苏互助条约和协定,使中苏两大国家的友谊用法律形式固定下来,使我们有了一个可靠的同盟国,这样就便利我们放手进行国内的建设工作和共同对付可能的帝国主义侵略,争取世界的和平。"

除了政治和国家安全利益外,贷款和贸易等方面对中国的意义也不可小觑。

根据毛泽东多借不如少借为好的原则,中方提出只向苏方借了3亿美元,在3年内还清。斯大林说,偿还期3年太短,可延长为10年,并在利率上给以优惠,年利定为1%。

平心而论,年利只有1%,确属优惠。根据协定,自1950年1月起,苏联开始付贷,5年间"每年以同等数目即贷款总数的1/5交付之";中国方面,"贷款的付还以10年为期,每年付还同等数目即所收贷款总数的1/10"。第一期付还,将于1954年年底以前实施;最后一次付还,将于1963年年底以前实施。依据协定,贷款是"用以偿付为恢复和发展中国经济而由苏联交付的机器设备与器材,包括电力站、金属与机器制造工厂等设备,采煤、采矿等矿坑设备,铁道及其他运输设备,钢轨及其他器材等"。即所贷的是物资，而不是货币。

总的说来，毛泽东的访问是顺利的。

尽管在毛泽东和斯大林之间，在谈判过程中间，出现过一些曲折和不愉快，但谈判是友好的、互利的，双方能够互相谅解。有些插曲多多少少也反映了两个领袖文化上的不同背景。

例如，美国国务卿艾奇逊在毛泽东访苏期间发表演说：苏联正在将中国北部地区实行合并，这种在外蒙古实行的办法，在满洲也几乎实行了；中国的广大地区正与苏联合并；这对于与亚洲有关的强国是"重要的事实"云云。对此，苏方提出中、蒙、苏三国各发表一个"官方声明"。苏、蒙两国分别以与美国务卿对等地位的外交部长的名义发表了声明，而中国却是以新闻总署署长胡乔木的名义发表了一篇对新华社记者的谈话，登在1月21日的《人民日报》上。这篇谈话是毛泽东在苏联起草的，并连夜发回国内。苏方对中国采取的方式感到不快，认为中国没有用外交部长的名义发表声明，减弱了力度。毛泽东则不以为然，认为没有必要向苏方解释。在他看来，对美国的这种造谣，用新闻总署署长谈话的形式恰恰挺合适。而且这种做法也不是第一次。无论战争年代还是新中国成立以后的几十年里，以新华社和《人民日报》的名义，发表一些重要的代表中共中央的声音，这是中国共产党人的习惯。这一习惯不一定合乎世界规范，但比较灵活。

20世纪50年代后期，毛泽东回顾中苏会谈这段历史时这样说过：

斯大林这个人,看情形他是可以变的。签订中苏条约,我们在那里待了几个星期。他开头很不赞成,到后头我们坚持两次,最后他赞成了。可见一个人有缺点的时候,就是斯大林这样的人,他也不是不可以变的。

斯大林还是可以跟人家妥协的。我们跟他就有不同意见,我们要订中苏条约,他不要订。等到他答应订了,我们要中长铁路,他就不给。但是口里的肉还是可以拿出来的。

我在莫斯科和斯大林谈判中苏条约问题,中长铁路、合股公司、国境等问题时,我的态度是:第一,你提出,我不同意的要争;第二,如果你一定要坚持,我可以接受,但保留意见。这是因为顾全社会主义利益。[①]

毛泽东一行乘专列离开莫斯科,沿途还在克拉斯诺亚尔斯克参观自动推进联合收割机制造厂,游览了伊尔库茨克市容。在专列抵达中苏边境时,毛泽东给斯大林电报,"深致谢忱"。在中国满洲里车站,赠送给苏联专列上保卫人员和服务人员20箱水果。乘上中国列车,毛泽东等视察了哈尔滨、长春、沈阳。在长春,大街小巷不见人,弄清是搞了戒严后,毛泽东批评说,搞戒严,不让老百姓出来,这样太脱离群众了。在沈

---

① 毛泽东在中共中央政治局扩大会议上的讲话记录(1958年2月23日);毛泽东在中共省市委书记会议上的讲话记录(1957年1月27日);毛泽东在成都会议上的讲话记录(1958年3月10日)——转引自逄先知、金冲及主编:《毛泽东传》(1949—1976),中央文献出版社2003年版,第51~52页。

阳，同各级负责人谈话时说：我和恩来路过东北，主要是想了解情况，"发现浪费太大。我在哈尔滨提出不要大吃大喝，到沈阳一看比哈尔滨还厉害。我和恩来不是为了吃喝，搞那么丰盛干什么？你们要做刘宗敏，我可不想当李自成啊！中央三令五申，要谦虚谨慎、戒骄戒躁，要艰苦奋斗，你们应做表率。"毛泽东一行于3月4日回到北京。

毛泽东访苏前后历时两个多月，是世界上少有的一次长时间的首脑访问。

1950年3月27日，中苏双方在莫斯科又签订了三个合营股份公司的协定，即关于创办中苏民用航空股份公司的协定、关于创办石油公司的协定和关于创办有色金属公司的协定。

关于创办中苏民用航空股份公司的协定，规定该公司按平权合股原则组成，目的在于协助中国本国航空事业的发展及加强中苏两国间的经济合作。协定中规定组织与经营三条民用航空线，即 · 是北京—沈阳—哈尔滨—齐齐哈尔—海拉尔—赤塔；二是北京—太原—西安—兰州—酒泉—哈密—乌鲁木齐—伊宁—阿拉木图；三是北京—张家口—乌兰巴托—伊尔库茨克。公司一切开支及其所得利润，由双方平分。公司的领导，由双方代表轮流担任，每两年轮换一次。协定有效期限为10年。

关于创办石油公司的协定和关于创办有色金属公司的协定，规定公司均按平权合股原则组成，其目的在协助中国本国工业的发展及加强中苏两国间的经济合作。石油股份公司的任务，是在中华人民共和国新疆省进行寻觅、探测、开采及提炼石油与煤气。有色金属公司的任务，则在新疆省进行寻觅、探测及开采有色金属。上述两公司之产品由中苏双方平分之。公司的开支及其所得之利润同样由双方平分。公司的领导由双方的代表以轮换制之程序进行。协定中规定两公司活动的头三年中，管理委员会主任由中国方面代表选出，副主任由苏联方面代表选出，而两公司的总经理由苏联公民中任命，副总经理由中国公民中任命。每过三年，原有三年中由某方代表所担任的职务，由另方的代表接替。公司的职员，由中苏两国公民平均充任。在一切场合下，均遵守按期轮换职务的原则。两协定的有效期限均为30年。

第二章
向全国的胜利进军
新元初始——1950年的中国

新中国成立伊始，面临的主要任务之一是继续完成民主革命的遗留任务，彻底解决中国人民同三大敌人的矛盾。首先要做的是完成肃清国民党军队的后期作战，解放中国的全部国土。这项工作从新中国成立之日起就没有间断，1950年是关键的一年。

一、解放除西藏以外的大陆和部分沿海岛屿

◎大迂回、大穿插、大包围的作战方针

◎衡宝战役解放湘西、湘南

◎广西战役解放广西全境

◎漳厦战役解放福建全省

◎滇南战役解放滇南

◎解放海南岛和东南沿海诸岛屿

◎香港澳门"暂时维持现状"

1949年10月1日，毛泽东在天安门城楼上宣布中华人民共和国成立的时候，国民党正规军已大部被歼灭。但西南地区全部和中南地区大部，西北、华东的部分地区及沿海岛屿，尚为国民党军队所占据。具体说就是以白崇禧、胡宗南两大武装为主的100多万国民党军队，占据着以广州为中心的华南地

区、以重庆为中心的西南地区和一些沿海岛屿，负隅顽抗，妄图卷土重来。党和人民政府面临的一项紧迫任务，就是迅速肃清国民党反动军队的残余，解放一切尚未解放的国土，在全国建立起自上而下的统一的人民政府，肃清一切土匪和反革命武装，巩固新生的人民政权。

1949年10月20日，中央人民政府人民革命军事委员会在北京举行第一次会议，根据《中国人民政治协商会议共同纲领》（以下简称《共同纲领》）规定的"将人民解放战争进行到底，解放中国全部国土，完成统一中国的事业"，讨论了人民解放军向尚待解放地区进军和今后的建军等问题。为了迅速彻底地消灭国民党残余军队，不给敌人喘息和逃跑的机会，毛泽东明确提出人民解放军在消灭残敌的作战中，必须实行大迂回、大穿插、大包围的作战方针，即完全不理会敌人的防线，而远远超过它，迂回并占领它的后方，迫其不得不与解放军作战，并一举歼灭它。这样的打法，可避免将敌人趋向不利于行军作战的云贵高原、个别海岛或逃亡境外。遵照中央军委的统一部署，人民解放军以磅礴的气势，向国民党在大陆的残余军事力量展开最后的围歼。

在华中、华南战场，人民解放军第四野战军和第二野战军第四兵团分东、中、西三路向广东、湖南进军。9月13日，发起衡（阳）宝（庆）战役，歼敌白崇禧部精锐4.7万余人，迫其由湘西退入广西，不得援粤，解放湘西、湘南广大地区。10月上旬至11月上旬进行广东战役，歼敌余汉谋等部6.2万余人。10月14日，华南最大的城市广州解放，由南京迁至广州的国民党政府逃往重庆，解放除海南岛以外的广东全省。11月上旬至12月中旬，第四野战军发起广西战役，以大迂回、大穿插的果敢动作，截断敌人西逃南撤之路，歼敌17.2万余人，白崇禧部除万余人逃入越南外，全部被歼，广西全境解放。

在华东战场，与第四野战军向华南进军的同时，第三野战军第十兵团于9月中旬至10月中旬进行了漳厦战役，解放漳州、厦门和福建全省，歼敌4万余人。10月下旬，三野一部发起金门战斗。由于对敌情、海情缺乏周密调查研究，船只准备不足，加上敌情变化等原因，先头部队三个半团登岛后，因船只全部搁浅被敌军炸毁而陷入孤立无援的境况。登岛部队与大量增援的敌军顽强作战，终至失败。金门战斗失利，为人民解放军如何充分做好必要准备进行解放海南岛等渡海战役提供了重要鉴戒。

在西南战场，第二野战军主力和一野、四野各一部，11月中下旬，先后解放贵阳、遵义、重庆。蒋介石和国民党政府逃往成都。12月9日，国民党云南省政府主席卢汉，西康省政府主席刘文辉，西南长官公署副长官邓锡侯、潘文华分别在昆明、雅安等地起义，云南、西康两省和平解放。12月10日，蒋介石由成都逃往台湾。12月27日，成都解放。进军西南战役共歼敌90.2万余人，国民党在大陆的最后一支主力胡宗南集团全部覆灭。接着，二野、四野各一部，于1949年12月底至1950年2月中旬进行了滇南战役，歼敌2.7万余人，解放滇南，少数残敌逃往国外。1950年3月中旬至4月上旬，人民解放军进行了西昌战役，歼敌1万余人。

在西北战场，解放陕、甘、宁、青的战役在新中国成立前夕已告结束，新疆宣布和平解放。为了接管新疆防务和改编起义部队，第一野战军第一兵团在西北各族人民和苏联方面的支援下，以空运、车运和徒步行军三种方式，穿越戈壁沙漠，行程1000多公里，于10月20日进驻新疆首府迪化（今乌鲁木齐），完成了挺进西北边陲的艰巨任务。

随着解放全国大陆的战役基本结束，中央军委部署了解放海南岛和东南沿海诸岛屿的战役。海南岛又名琼崖，面积3.22万平方公里，与雷州半岛隔海相望，是中国第二大岛，战略地位非常重要。琼州海峡最窄处11海里，最宽处达到27海里。海南岛国民党军为薛岳的5个军，外加海军1个舰队，配有50艘舰船、空军4个大队、飞机42架，总兵力约10万人。薛岳任防卫总司令。他凭借较宽的海峡和海空军优势，组织环岛立体防御，企图阻止解放军登岛。

中央军委为早日解放海南岛，在1949年12月广西战役结束时就指示第四野战军"准备攻琼崖"。以后又提出"争取于春夏两季内解决海南岛问题"。第四野战军组成共10万余人的渡海作战兵团，由两个军、一个加农炮团、两个高射炮团、一部工兵组成。此外，岛上还有冯白驹等领导的、长期在敌后坚持斗争的琼崖纵队2万人。这些部队均由中共华南分局统一领导，由第15兵团司令员邓华、政治委员赖传珠、副司令员洪学智及第12兵团副司令员兼40军军长韩先楚具体指挥。广东省人民政府在叶剑英的领导下，组织大量民工抢修道路，运送粮食、弹药和作战物资，动员大批船工和船只参战，共征集大小帆船2100余只，参战船工4000多人，有力地支援了大规模渡海作战的需要。1950年3月上旬，渡海作战兵团集结雷州半岛，在培训水手，海上作战训练，组织偷渡以及了解海情、敌情等调查研究方面做了充分准备。4月16日晚发起渡海战役。人民解放军采用小部分批偷渡与大部正面强渡相结合的战术，面对国民党陆海空军组成的"立体防御"同敌人展开激战。在长期坚持海南岛武装斗争的冯白驹领导的琼崖纵队的有力配合下，渡海部队顺利登陆，迅速突破敌人防线，歼敌3万余人。5月1日，解放海南岛全境和附近的一些岛屿。海南岛战役后，国民党急令浙江沿海的舟山群岛守军撤往台湾。5月16日，三野一部解放舟山群岛及周围列岛，打破了国民党对长江口的封锁。从5月下旬到8月初，人民解放军全部解放了位于广东珠江口外香港和澳门之间的万山群岛，拔除了国民党军队在华南沿海的最后立足点。

从1949年9月中旬至1950年6月，人民解放军共歼敌130万人，收编改造170余万起义投诚的国民党军。从1946年7月至1950年6月，共消灭国民党军807万人，解放了除西藏以外的全部中国大陆。原计划解放台湾的任务，由于朝鲜战争的爆发而停止执行。香港和澳门自古就是中国的领土。香港、澳门问题是因殖民主义侵略中国而造成的历史遗留问题，情况复杂，要采取另外的方式解决。中共中央确定了"暂时维持现状"和"长期打算，充分利用"的政策，就是要利用两地尤其是香港原有的地位、复杂的海外关系和对外贸易，以利于新中国的经济恢复与工业化建设。

二、大规模剿匪斗争

◎大批特务及正规军遣散为匪

◎"肃清土匪和其他一切反革命匪徒"

◎重点进剿大股土匪

◎分区驻剿歼灭小股土匪

◎肃清潜藏散匪

◎华东地区的剿匪历时四年

◎西南地区的剿匪历经三年

◎华北地区剿匪两年多

国民党军队主力被歼后,不甘心失败,把大批特务及正规军遣散为匪。这些土匪特务武装,网罗旧官僚、恶霸地主、散兵游勇、地痞流氓、反动会道门成员及惯匪,聚众结伙,打着"救国军""自卫军""保民军"等旗号进行破坏活动,企图以此推进"游击计划",建立"大陆游击根据地",伺机配合台湾国民党军队反攻大陆。据统计,1950年1月至10月,全国共发生妄图颠覆新生政权的武装暴动816起,西南地区被匪特攻打、攻陷的县城有100个以上,仅福建、云南、贵州就有37个县城被土匪占领,土匪还在大别山及广西14个县建立了伪政权。1950年,全国有近4万名干部和群众积极分子惨遭杀害。这些土匪武装的破坏活动,严重扰乱新解放区各项工作的开展,威胁着人民政权的巩固和人民生命财产的安全,一度成为危害很大的反动势力。新区人民群众强烈要求人民政府和人民解放军坚决消灭土匪，根绝匪患。1949年下半年（部分地区从1949年5月）起陆续开展了剿匪斗争，取得初步成效。但到1950年初，全国仍有相当数量的土匪武装。他们大多聚集在华东、中南、西南、西北等地区的边沿地带和偏僻山区。朝鲜战争爆发后，这些土匪武装活动更加猖獗，他们组织暴动，袭击基层人民政权，杀害地方党政干部和老百姓，破坏城乡交通，抢掠物资，绑架勒索，奸淫妇女，散布谣言，蛊惑人心，扰乱社会秩序。因此，剿灭匪患是巩固新生政权、稳定社会秩序、保护人民生命财产安全的重要任务。

中共中央和人民政府对各地的匪情极为重视。早在1949年3月，中共七届二中全会就明确提出，南方解放后，人民解放军的首要任务之一就是消灭国民党的反动武装力量，在乡村中则是首先有步骤地展开清剿土匪的斗争。10月1日，朱德在开国大典上向全军发布命令，要求中国人民解放军全体指战员、工作员"迅速肃清国民党反动派军队的残余，解放一切尚未解放的国土，同时肃清土匪和其他一切反革命匪徒"。毛泽东在3月14日的一封信中，用坚决的口吻说道："匪祸必剿，首恶必办，是为定则。"

1950年3月，中央军委发出指示，强调剿灭土匪是当前全国革命斗争的一个重要方面，是建立和巩固各级地方人民政权，以及开展其他一切工作的必要前提，是迅速恢复革命秩序的保证。为了保证剿匪作战顺利进行，中共中央、毛泽东提出了军事进剿、政治瓦解、发动群众武装自卫三者相结合的方针，规定了"镇压与宽大相结合""首恶者必办，胁从者不问，立功者授奖"的政策。

大规模剿匪作战，实际上是人民解放战争的继续。中央军委作出强有力部署，从人民解放军中先后抽调150万兵力，按照中央的统一部署，开展由军队、地方和人民群众紧密配合的剿匪作战。剿匪作战一般分为三个阶段，即：集中优势兵力，重点进剿大股土匪；实行分区驻剿，歼灭小股土匪；结合农村土地改革和镇压反革命运动，肃清潜藏散匪。

华东地区的剿匪历时四年，以闽浙边区、浙闽赣边区为重点全面清剿，共歼各类土匪24.6万余人，摧毁了国民党企图"反攻大陆"的社会基础。中南地区剿匪历时三年零一个月，共歼各类土匪115万余人，使国民党企图在中南大陆建立游击根据地的梦想彻底破灭。广西是中南地区解放最晚，匪情最为严重的地区之一。广西剿匪部队调集20万人，从1950年12月至1951年5月，先后在大瑶山、六万大山、十万大山、灵山、永淳和钦州等地重点进剿，歼灭"粤桂边反共救国军""广西游击联军"等股土匪33万余人，受到毛泽东的嘉奖。

西南地区的剿匪历经三年，共歼匪特116万余人，肃清西南地区长年的匪患。西北地区的剿匪前后经历五年，歼匪特12.9万人。西北地区的新疆和平解放后，乌斯满等匪首在美英帝国主义分子支持下，策划新疆"独立"，纠集土匪6000余人，裹胁哈萨克族群众4.5万余人，在新疆地区发动大规模暴乱。根据中央军委的指示，西北军区坚决消灭了乌斯满匪徒。新疆清剿土匪，不仅歼灭大股匪特，而且解救了各族群众11

万余人。华北地区在两年多的剿匪作战中共歼匪特 5.3 万余人。

大规模剿匪作战,至 1953 年基本完成,共毙、伤、俘土匪和争取土匪投降自新 270 万余人,结束了中国匪患久远、为害甚深的历史,粉碎了退守台湾的国民党在大陆建立"游击根据地",以策应"反攻大陆"的企图,有力地保护了人民安居乐业,稳定了社会秩序。

三、和平解放西藏

◎公元 7 世纪,吐蕃王朝和唐王朝发生了密切联系

◎公元 13 世纪,元朝实现了包括西藏的中国大统一

◎西藏上层少数分裂势力的"西藏独立"活动

◎中央批准邓小平拟定的十项条件

◎昌都战役为和平解决西藏问题铺平了道路

◎阿沛·阿旺晋美为西藏地方政府首席全权代表

◎班禅额尔德尼·确吉坚赞一行也来到北京

◎进行了 22 天谈判

◎《十七条协议》在中南海勤政殿签字

◎拉萨两万多各族群众热烈欢迎人民解放军

◎五星红旗插遍雪域高原

西藏地处祖国西南边陲,面积 120 多万平方公里,约占全国总面积的八分之一。在这块富饶土地上繁衍生息的民族中人

数最多的是藏族，此外还有汉族、回族、门巴族、珞巴族、蒙古族、纳西族等民族。

西藏历史悠久。据考古发现和史籍记载，早在四千多年前，藏族先民就劳动、生息、繁衍在以喜马拉雅山为标志的雪域高原。公元7世纪，松赞干布统一诸部，实现了政治统一，建立了吐蕃王朝，并和中原的唐王朝发生了密切联系。公元13世纪，元朝实现了包括西藏在内的中国大统一。西藏从此成为中国的一个行政区域，也是政教合一的萨迦地方政权统治西藏的开始。

19世纪末到20世纪初，西方帝国主义势力掀起瓜分中国的狂潮，进一步觊觎西藏，并在西藏上层僧俗中培植和扶持分裂势力。1949年夏，当中国人民解放军进军西南、西北，即将解放全中国的时候，英帝国主义分子理查逊（黎吉生）策划西藏地方当局加紧分裂活动，制造了驱逐国民政府蒙藏委员会驻拉萨办事处官员的事件，意在阻止中国人民解放军进军西藏，妄图把西藏从祖国的怀抱中分裂出去。

针对他们的分裂活动，9月2日新华社发表题为《决不容许外国侵略者吞并中国的领土——西藏》的社论，严正指出："中国人民解放军必须解放包括西藏、新疆、海南岛、台湾在内的中国全部领土，不容有一寸土地被留在中华人民共和国的统治以外。西藏是中国的领土，绝不容许任何外国侵略；西藏人民是中国人民的一个不可分离的组成部分，绝不容许任何外国分割。"9月7日，《人民日报》发表题为《中国人民一定要解放西藏》的署名文章，强调"久受帝国主义与国民党反动派奴役的西藏人民和西藏少数民族应该团结起来，揭穿美英帝国主义的阴谋，摆脱帝国主义所加于西藏的束缚，准备迎接人民解放军进军西藏，解放西藏，解放全中国"。

然而，西藏地方政府上层少数分裂势力，在帝国主义势力的暗中支持下，无视中国人民对西藏问题的严正立场，一意孤行，于1949年底策划委派"亲善使团"，分赴英国、美国、印度、尼泊尔寻求"西藏独立"活动。慑于中国政府的严重警告和中国人民特别是藏族各界的坚决反对，英、美等国出于自身利益考虑，表示不接纳西藏"使团"，只有赴印的"使团"秘密前往新德里。于是，西藏分裂分子又转而加强军事力量，在境外帝国主义分子的支持下，西藏地方当局设立了由噶伦主管的军饷机构，加征军用粮款，扩充藏军编制，调兵遣将，在藏东金沙江沿线和藏北黑河地区构筑工事，妄图以武力阻止人民解放军进藏。

为了挫败帝国主义和西藏分裂势力的阴谋，中共中央和中央人民政府决定不失时机解放西藏。在准备武力进军的同时，为了避免战争可能带来的动荡与破坏，特别是为了避免加深民族之间的隔阂，经过深思熟虑和反复权衡利弊，中央决定力争以和平方式解决西藏问题，并把这一艰巨任务交给中共中央西南局和西南军区实施，由西北局和西北军区协作。

1950年初，西南局确定第二野战军第十八军担任入藏任务，并成立由七人组成的中共西藏工作委员会，军长张国华任书记，政委谭冠三任副书记，统一领导和经营西藏的工作。5月29日，中央批准由西南局第一书记邓小平拟定，同西藏地方政府进行谈判的十项条件：（一）西藏人民团结起来，驱逐英美帝国主义侵略势力出西藏，西藏人民回到中华人民共和国祖国的大家庭来。（二）实行西藏民族区域自治。（三）西藏现行各种政治制度维持原状，概不变更。达赖活佛之地位及职权不予变更。各级官员照常供职。（四）实行宗教自由，保护喇嘛寺庙，尊重西藏人民的宗教信仰和风俗习惯。（五）维持西藏现行军事制度不予变更，西藏现有军队成为中华人民共和国国防武装之一部分。（六）发展西藏民族的语言文字和学校教育。（七）发展西藏的农牧工商业，改善人民生活。（八）有关西藏的各项改革事宜，完全根据西藏人民的意志，由西藏人民和西藏领导人员采取协商方式解决。（九）对于过去亲英美和国民党的官员，只要他们脱离与英美帝国主义和国民党的关系，不进行破坏和反抗，一律继续任职，不咎既往。（十）中国人民解放军进入西藏，巩固国防。人民解放军遵守上列各项政策。人民解放军的经费完全由中央人民政府供给。人民解放军买卖公平。这十项谈判条件是人民解放军进军西藏的政策指导方针。

根据中央和平解放西藏的方针，西南局、西北局和担负进藏任务的部队，在此前后多次派人入藏劝说西藏地方政府接受谈判。5月3日，中共中央同意西北局派出以青海省塔尔寺当才活佛（达赖长兄）为团长的劝和代表团入藏；青海省人民政府副主席、著名佛教界人士喜饶嘉措大师，也于9日在西安向达赖和西藏地方政府发表广播讲话，指出西藏是中国领土一部分，敦促他们派代表赴京进行和平谈判。

与此同时，西南局于1950年2月派与西藏上层有广泛联系的志清法师赴藏说服达赖集团同中央政府进行谈判，以求和平解放西藏。7月，西南军政委员会委员、西康省人民政府副主席、爱国宗教领袖格达活佛自告奋勇前往拉萨会见达赖，宣传中央有关和平解放西藏的政策。

中国驻印度大使馆官员也奉命与在印度的西藏地方政府官员接触，多次向他们传达中央有关和平解放西藏的政策，督促西藏地方政府尽快派代表与中央人民政府谈判。

然而，西藏地方政府中的分裂势力，在帝国主义的支持下，拒绝与中央人民政府谈判，并加紧分裂活动。他们扣留西北局派往拉萨的劝和团人员，前往拉萨劝达赖接受谈判的格达活佛在昌都被害致死；同时紧锣密鼓地组织藏军司令部、军饷收发局，将藏军由14个代本扩充为17个代本（每个代本500人左右），从国外购买武器弹药，在阿里、黑河、昌都一带布防，妄图阻挠人民解放军进军西藏。

为了打击帝国主义和西藏地方政府中分裂势力的嚣张气焰，促进西藏的和平解放，1950年10月，西南军区派中国人民解放军第十八军五十二师和五十三师一部，在青海骑兵和云南十四军一部的紧密配合下，渡过金沙江，发动了北起玉树、南至贡山约750公里战线的昌都战役。战役于6日打响，至24日结束，历时19天，经过大小战斗20余次，歼灭藏军5700人，解放了藏东重镇昌都。此次战役基本上摧垮了藏军的主力，打开了进军西藏的门户，为和平解决西藏问题铺平了道路。

昌都战役后，西藏上层统治集团发生分化，1950年11月17日，主张分裂的摄政达扎被迫下台，十四世达赖喇嘛丹增嘉措提前亲政。

经中央人民政府再三敦促和西藏上层爱国力量的推动，1951年2月，从拉萨移居亚东的达赖喇嘛任命阿沛·阿旺晋美为西藏地方政府首席全权代表，组成代表团赴北京进行和平谈判。3月，西藏和谈代表团分两路赴京，一路自昌都出发，经康定、重庆、西安，一路自亚东出发，经印度、香港、广州，分别于4月22日和27日到达北京，受到了中央人民政府的热情欢迎。周恩来总理于4月22日亲临北京车站欢迎阿沛·阿旺晋美一行。4月27日，班禅额尔德尼·确吉坚赞一行到京。28日晚，周恩来等举行隆重宴会招待西藏地方政府代表。周恩来在谈话中明确指出，这次中央人民政府和西藏地方政府的和平谈判，应以西南军政委员会和西南军区提出的十项条件为基础，实现西藏的和平解放，使西藏早日回到祖国大家庭。

4月29日，中央人民政府和西藏地方政府开始进行和平解放西藏问题的谈判。中央人民政府的首席全权代表是中共中央统战部部长、中央人民政府民族事务委员会主任李维汉，全权代表有：中共中央军委办公厅主任兼人民武装部部长张经武，中国人民解放军第十八军军长、中共西藏工委书记张国华，西南军政委员会秘书长孙志远。西藏地方政府的首席全权代表是西藏地方政府噶伦、昌都地区人民解放委员会副主任阿沛·阿旺晋美，全权代表有：西藏地方政府扎萨、藏军马基（总司令）凯墨·索安旺堆，僧官土丹旦达、土登列门，藏军第二代本桑颇·登增顿珠。

5月1日，班禅额尔德尼·确吉坚赞和阿沛·阿旺晋美在天安门城楼上向毛泽东主席献哈达致敬。

中央人民政府代表与西藏地方政府代表进行了22天的谈判，于5月21日结束。先后进行了7次正式会谈，并有若干次会下沟通和协商。在此期间，还安排西藏地方政府代表参观了北京的工厂、农村和名胜古迹。会上会下，中央人民政府代表耐心地听取西藏地方政府代表的意见，对他们进行了大量细致的解释和说服工作。谈判主要围绕以下三个问题：第一，要不要派人民解放军进驻西藏。中央人民政府代表指出，西藏是中华人民共和国领土的一部分，人民解放军进藏保卫国防理所应当，不能改变。第二，在西藏要不要实行民族区域自治和成立军政委员会。中央人民政府代表指出，民族区域自治是各少数民族在上级政府领导下，自己管理自己，有益于西藏的发展。何时在西藏实行民族区域自治，可由西藏人民自己决定。军政委员会是中央人民政府的代表机关，并不是用军政委员会代替西藏地方政府。第三，十世班禅返藏问题。中央人民政府代表指出，班禅离藏是历史遗留问题，只有班禅返回西藏，西藏各民族才能真正实现团结，西藏问题才能完满解决。

经过反复协商，特别是经过中央人民政府代表的耐心解释和说服，终于在和平解放西藏的一些重大问题上达成共识。1951年5月23日，中央人民政府代表与西藏地方政府代表，在中南海勤政殿隆重举行《中央人民政府和西藏地方政府关于和平解放西藏办法的协议》签字仪式。《协议》除前言外共十七条，又称《十七条协议》。《协议》同"十项条件"相比，内容更加充实、全面、具体，特别是增加了一些重要条款，如达赖喇嘛和班禅额尔德尼的固有地位及职权应予维持。他们固有的地位及职权，指十三世达赖喇嘛与九世班禅额尔德尼彼此和好相处时期的地位和职权。尊重西藏人民的宗教信仰和风俗习惯，保护喇嘛寺庙，寺庙的收入不予变更。西藏军队逐步改编为人民解放军。西藏地方政府应自动进行改革。中央人民政府统一处理西藏地区的一切涉外事宜，并在平等、互利和互相尊重领土主权的基础上，与邻邦和平相处，建立和发展公平的通商贸易关系。中央人民政府在西藏设立军政委员会和军区司令部，吸收西藏地方人员参加，所需经费由中央人民政府供给。24日晚，毛泽东主席举行盛大宴会，庆祝《协议》签订。28日，《人民日报》用汉藏两种文字全文公布了《中央人民政府和西藏地方政府关于和平解放西藏办法的协议》。西藏各界纷纷响应和拥护，盼望解放军早日进藏。6月13日，中央人民政府驻西藏代表张经武离京赴藏，7月16日向达赖递交了《协议》副本和毛泽东主席给达赖的信。8月8日，张经武到达拉萨。8月17日，达赖也回到拉萨。

1951年7月25日，中国人民解放军第十八军根据和平解放西藏办法的协议，派副政委王其梅率领进藏先遣支队从昌都出发，经洛隆、边坝、嘉黎、太昭，于9月9日进入拉萨。军长张国华、政委谭冠三率领的主力部队于7月1日从四川甘孜出发，8月17日进抵昌都，随后分两个梯队先后向拉萨进发。经过无数冰川雪山、荒原激流，于10月26日抵达拉萨。拉萨市红旗招展,锣鼓震天,两万多各族群众举行盛大集会,热烈欢迎人民解放军。

解放军进藏的后勤保障问题,毛泽东早在 3 月 18 日就作出指示,"进军西藏,不吃地方"。

随后,人民解放军按照统一部署进驻各个防区。12 月,人民解放军到达波密、江孜、日喀则、那曲。1952 年 7 月,到达山南地区、阿里和亚东。至此,五星红旗插遍雪域高原。

西藏的和平解放,巩固了西南边防,沉重地打击了帝国主义和西藏上层分裂势力,捍卫了国家主权和领土完整,实现了祖国大陆的基本统一,西藏历史从此掀开了新的一页。

第三章
没收官僚资本,建立国营经济
新元初始——1950年的中国

一、官僚资本的形成及对其的没收

◎利用政治特权,积累巨大财富者谓之官僚资本

◎颁布《企业中公股公产清理办法》和《关于没收战犯、汉奸、官僚资本家及反革命分子财产的指示》

◎"各按系统,自上而下,原封不动,先接后分"

◎国民党官僚资本银行是一个垄断体系

◎没收接管的官僚资本总价值为人民币旧币150亿元

官僚资本是旧中国半殖民地半封建社会形态下特有的经济成分。在新民主主义革命时期,将国民党政府的国家垄断资本与国民党大官僚的资本统称为官僚资本,其特征是:对外勾结帝国主义,对内勾结封建势力,依靠国际金融垄断资本,排挤民族资本,操纵国家经济命脉,构成独裁统治的经济基础。在国民党统治的22年里,特别是抗战胜利以后,官僚资本迅速膨胀,控制了全国银行总数的70%和产业资本的80%,并控制了全部铁路、公路、航空运输和44%的轮船吨位,形成了官僚资本经济。因此,没收官僚资本为国家所有,便成了共和国掌握国家经济命脉、恢复国民经济和发展国营经济的重要前提。

没收官僚资本包括三个部分。一是没收由国民党各级政府经营的企业,蒋介石、宋子文、孔祥熙、陈立夫等四大家族和其他国民党大官僚经营的企业;二是在第二次世界大战胜利后由国民党政府接管的日本、德国和意大利等法西斯国家在中国

投资的企业；三是隐藏在民族资本企业中的官僚资本。

1949年4月25日发布的《中国人民解放军布告》规定："没收官僚资本。凡属国民党反动政府和大官僚分子所经营的工厂、商店、银行、仓库、船舶、码头、铁路、邮政、电报、电灯、电话、自来水和农场、牧场等，均由人民政府接管。"在解放、接管大城市过程中，中共中央多次指示，对于那些一时难以确定是否属于官僚资本的企业和财产，采取监管、代管或冻结的方式，免得企业财产受到损失或暗中转移，待调查清楚再加处理。1950年初，在清理私营及公私合营企业中公股公产时，又强调，只有查明确实属于国民党各级政府经营的企业即完全官办的企业，以及四大家族直接经营的企业才加以没收。在官僚资本企业中如果有民族资本家的股份，要承认其所有权，不得没收。1950年，中央人民政府政务院财政经济委员会（简称中财委）进一步指出："官僚资本的定义应该是凡利用政治特权，积累巨大财富者谓之官僚资本，时间则以国民党反动统治时期起算，国统以前的官僚资本（除汉奸外）概不追究。"

为了避免和减少没收官僚资本的遗漏和偏差，1951年1月5日和2月4日，政务院制定并颁布了《企业中公股公产清理办法》和《关于没收战犯、汉奸、官僚资本家及反革命分子财产的指示》，对公股公产的范围作了具体规定。这次清理公股公产，是本着公平合理、互不侵占的原则进行。例如原来决定，新中国成立前官僚资本企业之间及其与国民党军政机关相互间的债权债务，均不清偿。但清理工作开始后，发现中国银行、交通银行尚有私股在内，与纯官僚资本企业性质不同，于是决定对两行与已接管没收的国民党军政机关及官僚资本企业的债权债务,仍予清理。此外,还对过去企业因升值增资或合并过程中的新股侵占旧股、私股侵占公股或公股侵占私股;利用伪币贬值,迟缴股款,侵占先缴股款股东权益;以企业提留的福利金或股息红利等由公股代表以私人名义移作投资,或企业职员利用职权占有股权者等具体问题明确了处理办法。

在清理企业公股公产过程中,凡依法没收公私合营企业和私营企业中战犯、汉奸、官僚资本家的股份和财产,须报经大行政区人民政府(或军政委员会)审核后转呈政务院批准。在未得批准前,只能予以登记、冻结或查封,不得没收。

如何接管好这笔数额巨大的资产,是没收官僚资本需要妥善解决的重大问题。1948年11月接管沈阳时,作为特别市军政委员会主任的陈云,就创造了"各按系统,自上而下,原封不动,先接后分"的经验。这个经验被推广到各地。[①] 新中国成立后,中共中央和中央人民政府进一步要求,严格区分国民党凭借官僚资本进行统治的政治机构和企业的管理机构、生产机构。对于前者必须彻底打碎;对于后者,考虑到迅速恢复生产、稳定企业秩序和保障职工生活的需要,总的原则是"原封不动",对接管企业的职工和企业管理人员,保持原职、原薪、原制度,对一时来不及接管或一时尚无能力接管的企业,暂时委托原管理人负责管理,照常经营。如果原管理人已离开,企业处于停业状态,则由工人和技师选出代表,组织管理委员会

---

① 中国社会科学院、中央档案馆编:《1949—1952中华人民共和国经济档案资料选编·工商体制卷》,中国社会科学出版社1993年版,第115页。

进行管理，然后由人民政府委任经理或厂长，同工人一起进行管理。

以"四行二局一库"为主体的国民党官僚资本银行，是一个垄断体系，从资金上掌握着旧中国的经济命脉。人民政府接管中国银行以后，没收官股，保留私股权益，改组董事会，职工全部留用，原职原薪。机构暂时不变，作为中国人民银行领导下经营外汇业务的专业银行。对交通银行也采取同样办法，使其成为中国人民银行领导下经营工矿交通事业长期信用业务的专业银行。改组后的中国银行和交通银行，于1950年1月7日分别以其总管理处的名义向海外分支机构通电，号召员工安心工作，保护行产。对新华信托储蓄银行、中国实业银行、四明商业储蓄银行、中国通商银行等官商合办的银行，接管后没收官股，实行公私合营。这些银行，在国民经济恢复时期成为公、私金融业之间的桥梁和中国人民银行的业务助手。据天津、北京、上海三大城市统计，中国人民银行共接管官僚资本银行机构128家，工作人员9530名。①

1月9日，政务院发布命令，要求驻在香港的原属国民党中央政府和地方政府一切机构的主管人员及全体员工各守岗位，保护国家财产、档案，听候接收。1月17日，交通银行香港分行、中国农民银行香港分行、中央信托局香港分局、邮政储金汇业局香港分局、广东省银行香港分行、广西省银行香港分行分别通电表示听候接收。中国银行伦敦分行副经理楼福卿

---

① 《当代中国的金融事业》，中国社会科学出版社1989年版，第39页。

也团结员工，护产护行，接受中国银行总管理处的领导。

到1949年底，全国接收的官僚资本主要有：四大家族的经济核心"四行二局一库"系统留在大陆的资产，国民党政府的省、市地方银行系统2400多家银行及其他银行中的官僚资本股份；国民党政府资源委员会、中国纺织建设公司、国民党兵工后勤系统、交通部、粮食部及其他官僚资本所属企业2858家；10多家垄断性的贸易公司；国民党政府控制的全部铁路、机车、客车、货车和部分船舶以及30多家铁路车辆修造厂和船舶修造厂。被国民党政府劫持到香港的原中国、中央两航空公司的12架飞机，在"两航起义"后为国家所有。没收接管的官僚资本财产事后按当时固定资产原值计算，总价值人民币150亿元左右（金额为旧币，即1万元等于1955年新币1元，下同）。①

在没收官僚资本的基础上建立起来的社会主义国营经济，为新生的人民共和国奠定了物质基础，成为日后发展生产、壮大经济的起点，使年轻的共和国在成立初期最艰苦的日子里，能够依靠自己的力量，战胜帝国主义的经济封锁和战争威胁。

二、废除外国在华经济特权与处理外资在华企业

◎收回关税和海关管理的主权

◎全国共有外资企业1333户

---

① 《当代中国经济》，中国社会科学出版社1987年版，第63页。

◎美国宣布冻结中国在美的一切资产

◎中国也宣布管制美国在华企业的一切财产

◎苏联将中长春铁路的一切权利及财产无偿移交

为了维护国家的主权独立，发展民族经济，中央人民政府还实施一系列政策和措施，废除外国在华经济特权和妥善处理外资在华企业。

海关是国家依法执行进出口监督检查、并照章征收关税的国家行政机关，是国家主权的重要象征。但是自鸦片战争以来，中国海关的管理大权却长期掌握在帝国主义手中。新中国成立之后，收回了关税和海关管理的主权，把百年来被帝国主义控制的海关变为独立自主的人民海关。1949年10月25日，中央人民政府海关总署成立。1949年12月30日，政务院批准《海关总署试行组织条例》；1950年3月7日，发布《关于关税政策和海关工作的决定》；同年12月14日，又发布《关于设立海关的原则和调整全国海关机构的指示》。全国建立了新的海关体系并制定了海关工作的基本准则。1951年4月18日，政务院公布《中华人民共和国暂行海关法》，对海关的组织机构、任务和职权，进出口货物的监管，走私和违章案件的处理等作了规定，成为海关执行公务的法律依据。

中央人民政府根据独立自主、平等互利的对外贸易原则制定了对外贸易政策。新的外贸政策规定：在平等互利的基础上与外国政府和民间恢复和发展贸易关系；通过海关，对进出口贸易实行监督管理；对外贸易实行国家统制，重要进出口货物由国家统购统销;任何人不得经营国家禁止出口的货物;私营出口企业必须向国家外贸管理机构登记,服从国家管理等。

在废除帝国主义在华经济特权的同时,国家妥善处理了外国在华企业。新中国成立初期,全国共有外资企业1333户、职工12万余人、资产12.3亿元。这些企业大部分是帝国主义在华经济特权的产物。新中国成立以后,理所当然地取消了外国在华企业的特权,其经营活动要遵守中国的政策法令,接受有关部门的管理监督,外资企业基本上已变成经济性的投资。

朝鲜战争爆发后,美国对中国的封锁进一步升级,在实行全面封锁禁运的同时,于1950年12月8日宣布冻结中国在美的一切资产,并胁迫利诱英、法等西方国家共同制裁中国。这种敌对措施,不仅使西方私人投资者不敢再来中国投资,也使原有在中国大陆的外资企业(资产的97.1%为英、美、法三国私人投资)陷入困境。美国宣布冻结中国在美资产后,中国政府立即作出反应,宣布管制美国在华企业的一切财产,冻结美国在华的公私存款。1951年5月18日,美国操纵第五届联合国大会通过对中国禁运的决议,中国政府也宣布征用美孚、德士古、中美三家美资石油公司的全部财产。同样,1951年4月,英国政府征用中国"永灏"轮,中国政府也征用其亚细亚公司全部财产;1952年7月,英国伙同美国掠夺中国在香港的飞机,中国政府也征用英联船厂和马勒机器造船厂;1953年初,英国掠夺广东省水产局在香港的5艘渔轮,中国政府也征用其在广州的太古公司全部财产。国际环境的变化使得外资在华原有企业严重萎缩,大部陷于瘫痪状态,陆续放弃经营、申请歇业或作价转让给中国方面。外资在华企业资产，以新中国成立时为100，到1953年降为22.3，其中，美国在华企业资产指数由100降为2，英国降为31，法国降为21.8，其他国籍的外资企业保持77.3。

此外，1950年2月14日，中苏两国签订了《关于中国长春铁路、旅顺口及大连的协定》，规定苏联政府将共同管理中国长春铁路的一切权利以及属于该路的全部财产无偿地移交中华人民共和国，1952年末移交完毕；将大连市苏联临时代管或租用的财产，苏联经济机关在东北从日本侵略者手中获得的财产，以及过去在北京兵营的全部房产，无偿地移交中国。为此，双方设立中苏联合委员会办理移交。1950年，苏联移交中国的财产共有302处，其中包括工厂47处、电影院11处、宅舍188处、仓库33处、地产23处。上述财产，原属于各地苏联经济机关所有者共260处，属于秋林股份公司及其分布在各地的贸易机关所有者共42处。

三、进行企业民主改革

◎最早进行反封建把头制斗争的是天津搬运行业

◎建筑行业封建把头盘剥方式多达几十种

◎废除了纺织行业的搜身制度

◎工矿企业的民主改革分为民主斗争、民主团结和民主建设三个阶段

◎建立工厂（矿山）管理委员会和职工代表会议

◎"管理民主化、经营企业化"

◎私营企业逐步形成了新型劳资关系

在接管官僚资本企业时，人民政府考虑到迅速恢复企业生产和维护职工生活的需要，实行了"不打烂旧机构"和保存原职、原薪、原制度的政策。这样就或多或少地将企业中许多不合理、不民主，甚至侵犯职工人身权利的制度保留下来，使工人在企业中无法确立主人翁地位。因此，在国营（亦称"公营"）企业中进行民主改革，是在企业建立新型生产关系和经营管理方式的重要一步。

从1950年至1952年，人民政府对没收和接管的官僚资本企业以及私营企业陆续进行了管理制度的改革。

在旧中国，各种码头装卸搬运行业和旧中国的工矿企业中，普遍存在着封建把头。封建把头名目繁多，各行业叫法不相同，煤矿叫"查头""包工大柜"，搬运行叫"脚行头""包工头"等；各地的叫法也各有名堂，武汉叫"头佬"，青岛叫"把头"，上海叫"包头工""拿摩温"等，其中搬运、建筑、煤矿等行业尤其严重，历来都被控制在某个黑社会势力手中。他们霸占"码头"，子孙世袭，造成城市中的"封建割据"。这些封建把头过去曾依靠帝国主义和国民党反动势力，采取超经济手段，野蛮地盘剥和压迫工人，横行霸道，无恶不作。有的甚至豢养一批专事打斗的走狗爪牙，家设刑堂，对人私刑拷问，或对客商敲诈勒索，或挑动工人互殴。许多封建把头还与反革命分子勾结，或者本身就是反动阵营的骨干分子。这是一股极其丑恶的势力。新中国成立后他们虽然不敢像过去那样为所欲为，但仍然隐蔽地或公开地继续作恶，激起工人群众的强烈不满。因此，不开展企业民主改革，彻底废除封建把头制度，工人阶级就不可能从封建残余势力的压迫下解放出来，也就难以发挥生产积极性。

最早进行反封建把头制斗争的是天津搬运行业。1950年1月，根据天津的试点经验，全国搬运工会代表大会向中央人民政府提出了废除各地码头和搬运行业中的封建把头制度，由人民政府设立搬运公司的建议。同年3月31日，政务院正式通过了中国搬运工会第一届代表大会《关于设立搬运公司废除各地搬运事业中封建把持制度之建议的决定》。从此，全国各地搬运行业全面展开了反封建把头制度的斗争，参加斗争的工人达80多万人。到1951年10月，全国已有432个城市彻底废除了搬运行业的封建把头制度。通过反封建把头的斗争，搬运行业的劳动生产率显著提高，运价普遍下降了50%~70%。

煤矿系统和纺织系统的反封建把头制度是同推行企业管理民主化同时进行的。1950年1月，全国煤矿工会代表会议和纺织工会代表会议相继召开，政务院接受了两会提出的废除封建把头制度的建议。燃料工业部在3月发出通令，废除封建把头制度，规定原来的把头不得在矿场担任行政管理工作，其罪大恶极者，工人可经法律程序提出控告；原把头所雇用的人员，应根据工人意见并视其过去表现、有无技术，分别审查，或留用，或调离；对在群众中有威信、技术上有经验的工人及职员，应大胆提拔到行政管理岗位上来，以实现管理民主化及经营企业化。到1952年，全国煤矿系统的反封建把头斗争取得了完全的胜利，建立了一套新的企业管理制度。

建筑业反封建把头斗争开始较迟。随着生产的恢复和发展，建筑工程日益增多，各地建筑行业的封建把头趁势而起。他们招收来自农村的农民，层层转包，层层克扣，盘剥方式多达几十种。仅1950年上海建筑工人被封建把头克扣的工资总额就相当于3亿斤小米。许多地方建筑工人实得工资只有应得工资的30％。1951年6月，中华全国总工会在北京召开全国建筑工会工作会议。会后，经政务院批准，在全国开展了整顿建筑业，废除封建把头制的斗争。全国大中城市参加反封建把头斗争的建筑工人近70万人。

据北京、天津、上海、沈阳、重庆五市建筑行业的调查，共反掉封建把头7000多人。

此外，还废除了纺织行业的搜身制度。1949年12月5日，上海市第二届人民代表会议通过纺织行业废除搜身制度的决议；月底，上海公营各纺织厂先后废除搜身制度。1950年2月，中华全国总工会批准了全国纺织工会代表会议通过的《关于废除搜身制的决议》，并在全国实行。

根据城市工作必须全心全意依靠工人阶级的方针，1950年3月，中共中央和政务院提出，要发动和依靠广大职工，有领导、有计划、有步骤地对所有企业，首先是对国营企业中的反动势力进行清理，对旧企业遗留的管理制度进行民主改革。

工矿企业的民主改革大体分为民主斗争、民主团结和民主建设三个阶段。民主斗争阶段，主要是宣传政策，发动群众，对隐藏在企业内部的反动残余势力进行揭发、斗争和清理。民主团结阶段，主要是帮助职工中沾染一般污点或受骗上当的人进行解脱，帮助他们放下思想包袱，投入斗争，增强工人内部团结。民主建设阶段，主要是发动和依靠工人对企业中不合理的规章制度进行改革，建立生产责任制、交接班制、质量检验等生产管理制度。在国营企业中，一般都实行工厂、车间、班组三级生产管理，建立工厂管理委员会和职工代表会议制度，推行企业管理民主化。民主改革激发了工人的主人翁责任感和生产积极性，他们说："民主改革是工人的第二次翻身。"

为了推动企业管理民主化，1950年2月6日，《人民日报》发表题为《学会管理企业》的社论。社论指出，在国营企业中建立以厂长为首的工厂管理委员会与职工代表会议制度，是改造旧企业的中心环节，每个工厂企业的工会组织应当配合行政机构，逐步进行改革，首先帮助行政机构实现管理民主化，以便进一步提高工人的劳动热情，组织生产竞赛与开展合理化建议活动。真正吸收工人参加管理，才能使工人亲身感到自己是企业的主人。1951年9月28日，中共中央作出《关于国营工厂管理的决定（初步草案）》，要求发动和依靠职工进行民主改革、生产改革。在建立厂长负责制的同时，推行企业民主管理，把政治工作与经济工作结合起来。国营企业中的厂长必须尊重工会，生产管理上的一切重大问题，必须与工会商量，取得工会的同意与支持。由于各级工会积极配合政府有关部门和企业行政机构开展工作，企业管理民主化在国营企业中进展很快。据1950年底对全国4375个国营厂矿企业的调查，已建立工厂管理委员会的有1458个，约占33%。其中纺织工业部部属的国营纺织厂建立民主管理制度的已占84%。到1952年9月底，全国国营企业中建立管理委员会的已有3592个，约占国营企业总数的82%。

为了推进企业的民主改革和生产改革，在厂长负责制的基础上建立了工厂（矿山）管理委员会和职工代表会议制度及其组织机构，并建立了新的人事制度以及生产管理、劳动保护和政治学习、技术学习等制度。企业民主改革和生产改革的中心内容和基本方针是"管理民主化、经营企业化"。政府有关部门强调，一切公营工厂企业中的行政管理者、党的工作者和工会工作者必须明白，工厂管理委员会是工厂企业中以厂长为首的统一领导机关；厂内的一切重大问题必须提到工厂管理委员会讨论，认真听取工人意见，真正吸收工人参加生产管理，使工人亲身感受到自己是企业的主人。这次改革总体上来说是成功的，改革以后工人焕发出前所未有的生产积极性和巨大创造力。他们自觉遵守劳动规章制度，踊跃开展劳动竞赛，积极参与企业的生产和管理。为了加强企业的经营管理，国家又将一大批先进生产者和工人积极分子送入学校学习文化和科学知识，经过培养，择优选拔为企业的领导骨干。仅东北国营煤矿在新中国成立初的三年就从工人、职员中提拔了行政、工会各级干部5134人，其中工人占83%，职员占17%。

在国营企业实行民主改革的同时，私人资本主义企业也根据人民政府的统一部署，在企业工会领导下进行了民主改革。遵照《共同纲领》规定的"发展生产、繁荣经济、公私兼顾、劳资两利"的方针，中华全国总工会于1949年11月相继制定了《关于私营工商企业劳资双方订立集体合同的暂行办法》和《关于劳资关系暂行处理办法》。1950年6月又颁布了《中华人民共和国工会法》（以下简称《工会法》）。1950年4月29日，劳动部作出《关于在私营企业中设立劳资协商会议的指示》，要求根据劳资两利和民主原则，用协商的方法，解决企业中有关劳资双方利益的一切问题。企业在废除把头制、包工制后，由工会代表工人与资方协商建立新的管理制度。对于劳动条件、工资福利等有关问题，由劳资双方协商或由人民政府有关部门仲裁解决，逐步形成了新型劳资关系。据不完全统计，到1950年11月，已在劳动部门获得批准或备案的集体合同与协议契约共4833件。

值得提出的是，民主改革当中，对生产是很重视的，它不仅仅是一次政治运动。在民主改革中，一切安排均要求以生产为中心任务，还要求任何工作都要有利于生产。当时，随着民主改革的深入，还开展了如"安全卫生大检查""合理化建议""增产节约"等其他生产竞赛运动，还有清理资产核定资金（清产核资）的工作等，以把民主改革中工人焕发的热情引导到生产上来。

在民主改革中，无论是接管初期的军事代表，还是后来进厂担任厂长和其他领导工作的革命干部，通常都是吃苦在前，以身作则，处处严格要求自己，遇事与群众商量，不懂就问，向内行的人学习业务工作。他们以诚恳的态度、朴实的作风、好学的精神等优秀品质，无声地感染和教育着广大职工。因此，当时人们的确感受到工厂里吹进了一股新鲜的民主之风。

第四章
土地改革运动

新元初始——1950年的中国

1950年6月6日，中共七届三中全会在北京召开。毛泽东在《为争取国家财政经济状况的基本好转而斗争》书面报告中指出，完成土地改革是争取国家财政经济状况基本好转，开始有计划地进行经济建设的重要条件之一。全会要求，在三年内有计划、有秩序地完成新区（指1947年6月，解放战争转入反攻阶段以后解放的地区）的土地改革。

一、土改的各项政策规定

◎《土地改革法》共6章40条

◎《土地改革法》与《中国土地法大纲》相比较有了新的变化

◎将征收富农多余土地财产的政策改变为保存富农经济的政策

◎将对中农的土地由彻底平分改为完全不动

◎除没收土地、耕畜、农具、多余粮食及其在乡村多余的房屋外，地主的其他财产不予没收

◎《关于划分农村阶级成分的决定》

◎《关于划分农村阶级成分的补充规定（草案）》

◎大城市郊区另有政策

◎"不得侵犯侨汇"

◎地主占有之山林应予没收，富农出租之山林得予征收

◎"少数民族地区的社会改革，必须谨慎对待"

新中国成立以前，在中国共产党领导下有1.25亿人口的老解放区进行了土地改革，约占全国农业人口三分之一的农民获得了土地。全国尚有约占总数三分之二的农民还被束缚在封建土地制度之下。

新中国成立之初，在广大新解放区，潜伏的反革命分子和政治武装土匪、地主恶霸的活动十分猖獗，社会秩序极不安定。因此，中共中央和人民政府决定，在土地改革之前，发动群众建立农民组织，进行清匪反霸和减租减息运动，为土地改革创造良好的社会条件。

1949年冬季至1950年春季，又在总数达2600万农业人口的华北城市郊区和河南省、陕西省部分农村进行土地改革试点，为制定有关土地改革法和领导全国土地改革积累经验。

1950年6月14日，全国政协召开一届二次会议，刘少奇代表中共中央作《关于土地改革问题的报告》，系统地阐述了土地改革的必要性。他指出，旧中国的封建土地制度极不合理，这是我们民族被侵略、被压迫、贫困及落后的根源，是我们国家民主化、工业化、独立、统一及富强的基本障碍。这种情况如不改变，中国人民革命的胜利就不能巩固，农村生产力就不能解放，新中国的工业化就没有实现的可能，人民就不能得到革命胜利的基本果实。这就是我们要实行土地改革的基本理由。

他具体阐述了土地改革的各项方针政策。会议通过了中共中央提出的土地改革法草案。6月28日，中央人民政府委员会第八次会议讨论并通过了指导土地改革的纲领性文件《中华人民共和国土地改革法》（简称《土地改革法》）。6月30日，毛泽东签发《关于实施土地改革法的命令》。

《土地改革法》共6章40条。"总则"明确规定："废除地主阶级封建剥削的土地所有制,实行农民的土地所有制,借以解放农村生产力,发展农业生产,为新中国的工业化开辟道路。"基于新中国成立初期的社会环境和阶级力量发生的根本变化,《土地改革法》与1947年10月10日中共中央发布的《中国土地法大纲》及其后的有关文件比较,有了新的变化:

第一,将征收富农多余土地财产的政策改变为保存富农经济的政策。规定:"保护富农所有自耕和雇人耕种的土地及其他财产,不得侵犯。""富农之所有出租的小量土地,亦予保留不动;但在某些特殊地区,经省以上人民政府的批准,得征收其出租地的一部或全部。""半地主式的富农出租大量土地,超过其自耕和雇人耕种的土地数量者,应征收其出租的土地。富农租入的土地应与其出租的土地相抵计算。"

第二,将对中农的土地由彻底平分改为完全不动。小土地出租者出租的土地,只要不超过当地人均占地的两倍,均保留不动。

第三,对地主,除没收土地、耕畜、农具、多余粮食及其在乡村多余的房屋外,其他财产不予没收。这些政策有利于保护中农和团结民族资产阶级,有利于减少土地改革的阻力,有利于社会的稳定和工商业的发展。

中国的富农分为资本主义富农和半封建富农,据新解放区的典型调查,土改时富农户数占农村总户数的3%左右,富农经济在中国经济中并不占重要地位。富农区别于地主就在于他们一般自己参加劳动,属于农民的一部分。对富农的政策如何，会对农民中的其他阶层产生影响；富农雇工耕种，属于资产阶级经营方式，对与土地有着千丝万缕联系的民族资产阶级也会有震动。因此，中央在讨论和制定富农政策时提出要慎重对待。3月12日，毛泽东就征询对富农政策问题给各大中央局第一书记提出：在新区土改中"不但不动资本主义富农，而且不动半封建富农，待到几年之后再去解决半封建富农问题"。4月6日毛泽东在主持中央政治局会议上又强调不动富农的策略是必须的。他说："我还是提议今天不动富农。至于恶霸，则不是以富农身份去没收他，但也不能规定'恶霸富农'。"①

为了正确实施《土地改革法》，政务院于1950年8月4日通过《关于划分农村阶级成分的决定》。这个决定是将1933年中华苏维埃共和国临时中央政府颁布的两个文件《怎样分析农村阶级》和《关于土地改革中一些问题的决定》加以综合、补充和说明而形成的。

1951年3月7日，中共中央又下达《关于划分农村阶级成分的补充规定（草案）》，进一步明确划分阶级的具体界限，其中将特别容易混淆的小土地出租者与地主、地主兼其他成分或其他成分兼地主、富农以及地主、富农与富裕中农的界限作了规定。对小手工业者、手工业资本家、手工业工人、自由职业者、小土地出租者、小商和小贩、商业资本家或商人、开明绅士等社会成分作出相应的规定。其中有些规定，还在实施中根据具体情况有所变动。例如，对富农和富裕中农界限的划分，

---

① 中共中央文献研究室：《毛泽东年谱》（1949—1976）第一卷，中央文献出版社2013年版，第102、111页。

政务院《关于划分农村阶级成分的决定》中规定："凡经常剥削量在相当于雇请一个长工以上，但不到雇请两个长工者，则应仔细计算其剥削收入是否超过其总收入的25%，超过者为富农，不超过者为中农或富裕中农。"后来下达的《补充规定》改为："凡雇请一个长工，或有其他剥削而剥削量也相当于对一个长工的剥削量以下者，均不得认为富农，对于这种家庭不必去计算其剥削收入是否超过其总收入的25%，即使超过了也不算富农。"

根据新解放区地域广阔，情况复杂的特点，又分别对大城市郊区、侨区、林区、渔区、盐区和少数民族地区等，制定了有别于一般农村的特殊土地政策。

城市郊区土地的占有者，除盖工厂、建住宅和进行商业投资等特定用途外，直接从事农业经营的为数极少，大多将土地租给农民耕种。地主与工商业的关系比较密切，地主兼工商业者与工商业者兼地主的情况比较普遍。郊区有些土地经营者已开始采用简单的机器或其他的技术设备，如电力水井、脱粒机和玻璃温室等；有的还办了试验农场，采取比较进步的经营方式。根据城市郊区土地关系和经营方式的特点，政务院于1950年11月10日通过、11月21日颁布《城市郊区土地改革条例》，主要规定有：保护资本主义工商业和农业的合法经营；城市郊区所有没收和征收的土地一律归国家所有，农民只有使用权；奖励开垦一切可耕荒地；等等。

侨乡即出国华侨较多、华侨眷属较集中的地区，多在广东、福建两省。侨乡也存在着封建剥削，缺地、少地和无地的侨眷也迫切要求实行土地改革。国家针对侨乡的特殊情况，制定了特殊政策，并及时加以补充、完善。中共中央针对侨乡土改中发生任意提高侨眷阶级成分和侵犯侨汇的偏差，及时作出"不得侵犯侨汇"的指示，提出"土改以国内封建财产为限，不追至国外，侨汇不是封建剥削"。《土地改革法》规定，"华侨所有的土地和房屋，应本照顾侨胞利益的原则"，另定适当办法处理。1950年11月6日，政务院根据上述原则和广东、福建两省提出的条例草案，颁布了《关于土地改革中对华侨土地财产的处理办法》，规定在没收、征收和分配土地中，对侨乡采取特殊的政策，主要内容为：对华侨地主适当照顾。"在本人出国前，家庭原系地主者"的房屋，只没收"原由农民居住"的部分，"其他房屋不动"；对于"本人原系劳动人民，出国后上升为地主者"，其耕畜、农具、多余粮食等其他财产，"一律保留不动"。对华侨小土地出租者适当照顾。本人在出国前原系劳动人民的小土地出租者，规定其土地超过当地人平均土地数200%的部分"酌情照顾，不予征收"。对无地少地归侨和侨眷要照顾，规定"居住国内农村中的华侨家属，无地少地及缺乏其他生产资料者，一般应分给与农民同样的一份土地及其他生产资料"。

林区土改，主要是指山林比较集中的山区和丘陵区的土地改革，有的地方称为山林改革。在这些地区，地主阶级不仅占有大量土地，而且还占有大片山林。他们凭借对山林的所有权，采取租佃、雇工、插苗还山、放债等方式，剥削和压迫农民。正确解决山林权问题，成为彻底废除封建剥削制度和全面完成新区土地改革的重要内容。按照《土地改革法》的规定，地主占有之山林应予没收，富农出租之山林得予征收。在暂不进行土地改革的地区，一切较大的森林，应提前收归国有。在收归国有的森林面积中，夹有小块农民私有林时，应适当地调剂割换之。各大区军政委员会和省人民政府根据这个原则，分别颁发了关于土地改革中山林处理的实施办法。此外，1951年4月21日，政务院颁布《关于适当处理林权、明确管理保护责任的指示》，提出："西北、西南、中南等少数民族地区的森林，一般的仍按其旧有的管理习惯不变。但政府应领导他们加强森林的保护抚育工作。"

中国是统一的多民族国家。新中国成立以前，少数民族地区保留着各种生产关系，不同的社会经济形态并存。封建地主经济占统治地位的民族有回、壮、维吾尔、满、朝鲜、白、土家、苗、布依、侗等30多个民族和蒙古、彝、黎等族大部分，约有2300万人口，其中在回、满、壮、维吾尔、布依、朝鲜等20多个民族中，资本主义经济已有不同程度的发展。存在封建农奴制的主要有藏、傣、哈尼等族，共约400万人口。存在奴隶制的主要是川滇交界的大、小凉山的彝族，约100万人口（其他彝族地区已进入封建社会）。处于原始公社制末期的民族有滇西山区的独龙、怒、傈僳、景颇、佤、布朗和内蒙古大兴安岭地区的鄂伦春、鄂温克等族以及海南岛五指山部分地区的黎族，共约70万人口。

新中国成立以后，在各少数民族中进行社会制度改革，使他们进一步摆脱阶级压迫，逐步走上各民族共同发展、共同繁荣的社会主义道路，是必须完成的一项历史任务，也是各族人民的迫切要求。由于少数民族大部分还处在资本主义以前的各个社会发展阶段，因而社会改革的主要内容，是废除封建地主经济的土地占有制度、农奴制度和奴隶制度，以及其他形式的人身依附和超经济剥削。对在少数民族中进行社会改革，毛泽东在七届三中全会上强调："少数民族地区的社会改革，是一件重大的事情，必须谨慎对待。我们无论如何不能急躁，急了会出毛病。条件不成熟，不能进行改革。一个条件成熟了，其他条件不成熟，也不要进行重大的改革。"[①] 在具体实践中，国家采取"稳、宽、长"的方针。就是说，相对于汉族地区，民族地区的改革措施和步骤更为慎重稳妥；对待少数民族中的剥削阶级分子，特别是民族、宗教上层人士，政策更宽一些；改革的过程更长一些。

这一系列法规和文件的制定发布，使土地改革有了明确的原则和政策。因此，全国土地改革运动能够根据各地具体情况，有领导、有计划、有步骤、有秩序地分期分批进行。

二、土改运动的开展

◎成立了各级土地改革委员会

◎组织了有党政军干部、民主人士、知识分子等组成的土改工作队

[①] 《毛泽东文集》第6卷，人民出版社1999年版，第75页。

◎农村普遍建立了农民协会

◎最大限度地孤立地主

◎从1950年冬季开始在约1亿农业人口的地区进行土地改革

◎将山林折合成土地，据以划定阶级成分

◎渔区的民主改革先后进行了两次

◎牧区的民主改革目的是为了废除封建特权

从1950年秋季开始，土地改革运动在中国共产党的统一领导下，成立了各级土地改革委员会。中央土改委员会由刘少奇和各大区中央局的主要负责人彭德怀、刘伯承、邓子恢、叶剑英、彭真等组成。在土地改革过程中，除了当地的骨干和积极分子参加以外，各地还组织了有党政军干部、民主人士、知识分子等组成的土改工作队。新解放区的土地改革有三个主要特点：

第一，放手发动群众，坚定不移地走群众路线，坚决贯彻执行"依靠贫农、雇农，团结中农，中立富农，有步骤地有分别地消灭封建剥削制度，发展农业生产"的总路线和总政策。各地在土地改革中首先开展忆苦诉苦和"谁养活谁"的教育，启发农民认识地主是靠剥削农民发家致富的，农民受穷是地主剥削的结果。在提高认识的基础上，组织广大农民，特别是贫雇农基本队伍，同地主进行面对面的说理斗争。根据1950年7月15日政务院颁布的《农民协会组织通则》，各地农村普遍建立了农民协会。在农民协会的领导成员中，贫雇农占多数并且是主要骨干，中农一般不少于1/3。为保证土地改革的顺利进行，在发动群众的过程中，注意防止两种倾向：一是不相信群众，事事包办代替；二是做群众的尾巴，放任自流，群众要怎么办就怎么办。

第二，建立广泛的统一战线，最大限度地孤立地主。各地根据保存富农经济、保护小土地出租者和华侨地主兼工商业者等政策，把这些阶层中的代表人物吸收到统一战线中来。对于富农自耕或雇人耕种的土地，一般都保留相当于当地人均数两倍的土地，有的地方对富农的小量出租土地也加以保留。对地主阶级中的开明士绅，在没收其多余土地的同时，还吸收他们参加土地改革和人民政府的工作。对于地主家庭中居于被支配地位的人（如以纳妾、蓄婢、童养媳等名义收养的人等）和常年参加农业生产的主要劳动者按雇工对待。对地主分子，除对罪大恶极且有现行破坏活动的不法者严惩外，一般则按规定分给一份土地，使他们自食其力，通过劳动改造自己。对于在土改中划为地主成分的人，严格要求他们在土地改革后服从政府法令，努力从事农业生产或其他经营，并宣布连续五年以上没有任何反动行为者，经过一定行政手续批准，可以改变地主成分，按照其所从事的劳动或经营的性质另定成分。富农在土地改革完成后符合上述条件满三年者，也可以改变成分。其他成分兼地主者，在土地改革完成后，即以其他成分对待。

第三，因地制宜，针对不同地区的不同情况分别有步骤地实行土地改革和民主改革。1950年6月，中共中央和中央人民政府在征求各地意见的基础上，对新解放区土地改革提出一个大体计划，要求从1950年冬季开始在约1亿农业人口的地区进行土地改革,其中:华东区 3500 万至 4500 万,中南区 4700 万至 5600 万,西北区 800 万。其余约 1.64 亿农业人口的地区,大部分在 1951 年秋后进行,小部分在 1952 年秋后进行。对于各少数民族聚居、约 2000 万人口的地区,分别根据工作情况与群众的觉悟程度,另定时间进行。

同时,在牧区、渔区、林区和少数民族地区采取有别于一般农区和汉族聚居地区的政策,相继进行民主改革和土地改革。

为了废除封建的山林所有制,实现农民的山林所有制,各地在没收、征收山林之前经过调查,将山林折合成土地,据以划定阶级成分。山林的分配一般都放在土地分配之后进行。按照《土地改革法》规定,大森林、大荒山"均归国家所有,由人民政府管理经营之。其原由私人投资经营者,仍由原经营者按照人民政府颁布之法令继续经营之"。"使用机器耕种或有其他进步设备的苗圃、农事试验场及有技术性的大竹园、大果园、大茶山、大桐山、大桑田、大牧场等,由原经营者继续经营,不得分散。但土地所有权原属于地主者,经省以上人民政府批准,得收归国有。"还有一些公共用林,按照各地的规定,也不分给个人而收归国有或归乡村人民公有。山林的分配直接关系到山林地区农民的切身利益,因此特别注意贯彻公平合理、照顾原经营者、有利生产与育林护林相结合等原则。

渔区的民主改革先后进行两次。第一次是 1950 年。根据《土地改革法》,结合反霸、镇反,宣布废除旧债,没收和征收渔霸、地主、湖主和宗祠、庙宇、寺院占有的渔用地、渔船、渔具及其他渔业生产设施，分配给渔工和贫苦渔民共同管理使用；取消渔行专卖制度，在重点渔区和渔货集散地设立国营及合作社性质的渔业代销社、水产品市场，组织渔商、渔贩进行水产品加工、运销。由于当时各级领导都把主要精力用于农区的土地改革，渔区的民主改革比较草率，渔民发动得不够充分，封建势力没有被彻底摧毁。中共中央于1952年11月19日发布《关于渔民工作的批示》，要求华东、中南、西南和华北等地立即采取措施，进一步发动渔民进行民主改革。当年冬季，各地抽调大批干部深入渔区开展第二次民主改革，继续清匪反霸、镇压反革命，彻底摧毁封建势力和封建剥削制度，整顿和健全渔民协会、渔业工会和渔区民兵组织，处理海权、湖权纠纷，帮助渔工、渔民发展生产。

少数民族农村实行民主改革和土地改革的方法、步骤和政策，大致有几种类型：（一）在封建地主经济占统治地位的少数民族地区，基本上与汉族地区相同。但是根据不同民族和地区的不同情况，也采取一些区别于汉族地区的特殊政策和措施。例如，内蒙古西部及西北回族地区，土地关系中存在着极为复杂的民族关系和宗教关系，因此，土地改革特别强调要立足于少数民族群众自觉自愿，民主改革组织领导机构吸收当地民族干部参加，并注意先做好争取民族上层和宗教人士的工作；对少数民族地主进行土地改革坚持由本民族群众去做；分配土地改革果实，发扬各族群众间互敬互让、彼此照顾、互相调剂的精神。（二）在封建农奴制和奴隶制地区，如四川省的藏族、彝族地区和甘肃、青海两省的藏族地区，在民主改革中，实行的政策更宽，方式更为和缓，即根据当地群众的意愿，经过和少数民族上层人士协商，取得他们的同意后进行。对农奴主、奴隶主多余的浮财、耕畜、农具和房屋，不予征收。如当地群众确实需要，可由政府出钱购买，然后分配。

（三）对于那些尚处在原始公社制末期、民族内部阶级分化尚不明显的少数民族地区，不进行系统的民主改革，在国家和其他民族的帮助下，开展互助合作，发展生产和文化事业，直接过渡到社会主义。

少数民族聚居的广大牧区，新中国成立前大都进入封建社会。封建主凭借其占有的牧场和大量牲畜，以出租牲畜或雇用放牧及其他超经济手段，对牧民进行残酷剥削，严重束缚了生产力的发展。牧区的民主改革目的是为了废除封建特权。由于畜牧业生产的特点，牲畜既是生产资料又是生活资料，生产有很大的不稳定性。在实行废除牧主的封建特权、超经济剥削及由此产生的牧民和牧工的人身依附关系的同时，帮助贫苦牧民发展生产。牧区改革采取的主要政策是：保护牧场、保护畜群，实行牧场公有、放牧自由；不斗不分，不划阶级；牧工牧主两利，发挥双方的积极性，促进生产力发展。

由于实行了正确的方针政策，土改运动进行得比较顺利。经过1950年冬至1951年春在华北、华东、中南、西北等约1.28亿农业人口地区的第一批土改，1951年冬至1952年春在华南、西南等约1.1亿农业人口地区的第二批土改，以及1952年冬至1953年春主要在约3000万农业人口地区的第三批土改，到1952年底，全国大陆地区的土地改革基本完成。到

1957年底,除新疆、西藏等少数民族聚居的地区外,其他牧区和渔区、林区也基本上完成了土地改革。到1959年,西藏废除农奴制度,完成了民主改革。全国大陆废除了延续两千多年的封建土地所有制,彻底消灭了封建地主阶级,并在劳动中把原有的地主分子改造成自食其力的劳动者。

新区土改也存在一些问题。比如,有的地方保存富农经济的政策未能得到全面贯彻执行,土改之后,富农经济实际上失去存在的基础;在一些地区还存在过急、过快等现象。

三、废除封建土地制度的社会意义

◎实现了"耕者有其田"
◎土改中的积极分子被选拔、充实到乡、村基层政权的领导岗位
◎推动了农村生产力的发展
◎土改改变了农民的劳动方式
◎改善了农民生活的发展
◎推动了农村教育文化卫生事业的发展

新中国成立前后在各革命根据地和解放区以及新解放区进行的土地改革,先后共没收了地主阶级约7亿亩(约合4700万公顷)土地和大批耕畜、农具、房屋、粮食,分给了约3亿无地少地和缺少生活资料的农民,约占农业人口的60%至70%。农民从封建土地关系的束缚中彻底解放出来,农村发生

了翻天覆地的变化,为中国的工业化扫除了障碍。

第一,实现了"耕者有其田"。经过土地改革,根本改变了封建的土地占有关系。据国家统计局编《建国三十年农业统计资料(1949—1979)》,土地改革前,占农村人口4.75%的地主,占有38.26%的土地;而占农村人口52.37%的贫雇农,只占有14.28%的土地;占农村人口33.13%的中农,占有30.94%的土地。土地改革后,地主的土地减少了36.06%,贫雇农的土地增加了32.82%,中农的土地增加了3.6%。就土地改革前后平均占有土地数量对比,原来无地少地的贫雇农增加较多,大体相当于当地平均的土地占有量;地主的土地相当于或略低于平均数;富农和中农的土地略高于平均数。如华东区,土地改革前贫雇农人均土地0.6亩,土地改革后人均2.4亩;土地改革前中农人均土地2.01亩,土地改革后人均3亩土地;土地改革后地主人均土地2.12亩,富农人均3.82亩土地。土地占有关系变化证明,中国世世代代贫苦农民和无数志士仁人梦寐以求的"耕者有其田"的夙愿得以实现。

第二,建立和巩固了农村基层人民政权。几千年来,封建地主阶级操纵农村政权,利用封建宗法思想和制度,维护封建土地制度和各种封建特权,将农民紧紧地束缚在土地上,使之承受沉重压迫,没有丝毫民主权利。废除封建土地制度必须首先推翻封建政权。不把地主控制的农村政权摧垮,土地改革就不能开展。基层人民民主政权的建立使土地改革得以顺利进行。翻身农民积极拥护和支持新的民主政权。在土地改革运动中涌现出的大批积极分子,经过考验被选拔、充实到乡、村基层政权的领导岗位。如浙江省在土改中涌现出300多万积极分子，有41.1万人成为乡、村政权的领导干部。

第三，解放了农村生产力。土地改革彻底铲除了封建统治的经济基础，根本改变了束缚农村生产力发展的生产关系，推动了农村生产力的发展。经过土地改革，农民生产积极性空前高涨，除了在分到的土地上精心耕作之外，还垦种荒芜的土地，扩大耕地面积。华东区的总播种面积，在土地改革全部完成的1952年，比抗日战争前增加了44.4%。从1950年至1952年，人民政府用于水利建设的经费共约7亿元，占国家预算基本建设投资的10%以上，对全国4.2万公里的堤防绝大部分进行了整修。一些水灾比较严重的江河开始了全流域治理，完工土方17亿立方米。各地农民还兴修小型水利工程以改善生产条件。如陕西长安县1952年打井1.5万多眼，西北地区1952年扩大灌溉面积164万余亩。农民还尽可能多地购置生产工具和肥料。据陕西临潼县8个乡典型户调查，1951年农民用于生产资料的开支，雇农较土改前增加294%，贫农增加518%，中农增加212%。

土地改革还改变了农民的劳动方式。土地改革完成较早的地区，农民普遍组织起互助组，以解决耕畜、农具、劳力不足的困难，有效地提高了劳动生产率，保证农业生产得以迅速发展。全国粮食产量由1949年的11318万吨提高到1952年的16392万吨，增长了44.83%，年均增长12.6%，比新中国成立前最高年产量高11.3%；棉花由1949年的44.4万吨提高到1952年的130.4万吨，增长1.94倍，年均增长43.1%，比新中国成立前最高年产量高53.6%。农业生产的发展为城市提供了更多的粮食和工业原料,为实现工业化创造了条件。

第四,改善了农民生活。土地改革之后,由于农业生产的恢复和发展,农民的生活有了较明显的改善。他们说:"土地改革后,一年够吃,二年添置用具,三年有富余。"据国家统计局统计,农民平均每人货币收入:1949年为14.9元,1950年为18.7元。又据国家统计局统计,1949年至1952年,农民平均每人购买的消费品逐年增加:1949年为14.2元,1950年为17.3元。土地改革后农民形成的购买力,为工业品提供了广阔的市场,农民不仅大量购买牲畜、化肥、水车、新农具等生产资料,而且购置了大批布匹、肥皂、自行车、手电、书籍、纸张、药品等生活资料,有力地促进了城乡物资交流。

第五,推动了农村教育文化卫生事业的发展。随着农民经济生活的改善与政治觉悟的提高,农民学习文化的要求日益迫切。土地改革以后,农村小学入学人数大增,达到学龄儿童总数的65%。成年农民参加冬学的人数也逐年加多,识字班、黑板报、读报组在农村建立起来。一些地区出现了"三代同学习,一门双模范"的家庭和"父子同窗""夫妻竞赛"等学文化的动人事例。农民还开始注意清洁卫生,治病防病。到1952年底,全国县卫生院已达2123所,中国已有90%的地区建立了县级卫生机构①,农民有病能够得到比较及时的医治。农村俱乐部、剧团的组建对于活跃农民的文化生活发挥了积极作

---

① 《当代中国的卫生事业》(上),中国社会科学出版社1986年版,第43页。

用。他们演出的剧目，大都是由农民根据当地的真人真事创作，并自导、自演，有浓厚的乡土气息和鲜明的时代特征。通过群众性的文化、文娱活动，农村开始形成民主、科学、文明的新风气。

第五章
新中国成立初期的财政经济工作
新元初始——1950年的中国

新中国成立初期财政经济工作的中心是：遏制恶性通货膨胀，稳定物价，统一财经管理，调整工商业，为国民经济的有序发展和高效运行开辟广阔前景。

一、遏制恶性通货膨胀

◎统一货币

◎旧中国的恶性通货膨胀

◎货币种类繁多

◎新中国成立前后的物价涨潮迭起

◎发行折实公债，压缩财政赤字

◎统一财经工作，渡过财政难关

◎刘少奇称"这是我们国家一个极为重大的进步"

◎毛泽东对稳定金融物价，遏制通货膨胀的成功，评价其意义"不下于淮海战役"

新中国成立之前，国民党政府滥发货币，造成持续12年的恶性通货膨胀，财政金融体系全面崩溃。面对通货膨胀、市场紊乱、投机盛行、物资匮乏等严峻的财经形势，人民政府在组织恢复和发展生产的同时，采取多种措施，扭转市场剧烈波动、金融形势紊乱的局面，打击和取缔金融投机，加强金融管理，统一货币，保证人民币占领市场并取得巩固地位。

1948年底人民币发行前，市场流通的货币五花八门，既有银圆、双毫、铜圆，又有国民党政府发行的金圆券、银圆券、大洋券等，还有美元等外币。清理金融市场，确立人民币为单一的本位币，是建立新经济秩序、恢复生产、保证供给的前提。但是，人民币占领市场却遇到了重重困难。投机分子用银圆与人民币对抗，而城市资产阶级一部分人也或明或暗地抵制人民币的流通。

为了保障人民币占领市场，各级人民政府、金融部门依靠群众，运用政治、经济、行政、法律等各种手段解决这一难题。具体措施是：

第一，将金圆券、银圆券驱逐出市场。人民解放军进入城市以后，以负责任的态度，对人民持有的金圆券、银圆券，采取短期收兑，迅速肃清的办法，尽可能从市场上将国民党政府发行的货币排挤出去。如不可能，就根据主要物资的价格换算进行低价收兑。随着解放战争的胜利进展，收兑期限愈来愈短，收兑牌价愈来愈低，直至停止收兑。

北平、天津、上海、武汉等大城市解放后，各地军事管制委员会及时宣布人民币为金融市场流通的唯一合法货币。自解放之日起，所有完粮纳税以及一切公私款项收付，物价计算，账务、债务、票据、契约等均以人民币为计算及清算本位。明令金圆券为非法货币，限期收兑，禁止以金圆券或黄金、银圆及外币为计算及清算本位。如1949年1月1日天津解放时，市军管会颁布通令，规定自即日起，金圆券可以流通20天，同时在限期以内，可按人民币对金圆券为1∶6的比价兑换。同年2月2日，北平市军管会发布公告，金圆券可以流通20天，限期内人民币对金圆券按1∶10的比价兑换；工人、学生、独立劳动者、工厂职工、学校教员、城市贫民，可按1∶3的优待比价兑换（限额优惠，以半月生活费为限）。4月23日南京解放，市军管会通令兑换比价为1∶2500，限期为10天。5月27日上海解放，市军管会通令收兑金圆券的时间为15天；每日公布比价，第一天为人民币1元兑金圆券10万元。到1949年底，已将金圆券彻底挤出市场。对银圆券亦如此办理。

第二，禁止金银流通。由于金圆券和银圆券失去立足点，金银（特别是银圆）便成为新解放地区市场交易的计算标准和流通货币，禁止金银流通又成为确立人民币本位的前提。人民政府管理金银的方针是"严禁流通"与"低价冻结"。国家银行规定收兑牌价低于黑市牌价，收兑数量不多，主要原因是政府没有足够货币收购。据估计，当时上海约有黄金1000万两，天津约有黄金200万两，全国共有银币及银块约7.6亿两，如果大量收购，势必要大量发行货币，引起通货膨胀，物价上涨。

根据上述方针，平、津、沪、汉、穗等大城市解放后，各地军管会与人民政府均及时颁布法令，禁止金银流通与买卖，并组织力量查禁，坚决打击倒卖金银。上海市斗争最为激烈，银圆投机商公开叫嚣：解放军进得了上海，人民币进不了上海。1949年6月，上海市场的本位币实际上仍是银圆，人民币反倒成了辅币。银圆投机风严重地冲击金融市场，尽管人民政府再三警告，金融投机商仍置若罔闻。为了打击金融投机，统一金融市场，各地政府断然采取措施。1949年6月9日，上海市公安局逮捕了最大的银圆投机分子并没收其财产。商店也与人民政府合作，拒收银圆。6月10日，华东区公布金银管理暂行办法，上海市公安局奉命突击检查上海金融投机大本营证券大楼，逮捕了正在进行非法交易的投机巨头及银贩238人。6月11日，上海中国银行受中国人民银行华东区行委托开始收兑银圆。6月14日，中国人民银行管辖的各行开始举办折实储蓄存款，以解除市民对人民币的疑虑。国营贸易部门出售米、煤、盐、油，并以人民币收购工业品，解决工厂资金困难，使人民币计价的工业品价格缓慢回升。同时对失业工人及贫民进行必要的救济。由于政策正确，计划周密，措施得当，上海市的银圆黑市在短时间内迅即消失。武汉、广州也采取相应行动，对金银、外币投机活动，进行严厉的取缔和打击。各地一面对黄金、白银挂牌收兑，一面规定金银饰品业的经营范围，严禁买卖金银。国家对金银的生产和销售实行严格计划管理，规定金银收购和兑换由中国人民银行统一经营，国营经济单位保存的金银要一律售予或存入中国人民银行。以上措施，对于割断金银与市场的联系，控制金融市场，稳定物价，掌握市场的主动权起了关键作用。

第三，禁止外币流通。各地人民政府在禁止金银流通的同时明确规定，持有外币者必须向国家银行兑换人民币或换取外币存单，兑换率随时合理调整，如果持有人愿以所存外币移作外币存款，可视同侨汇办理，外币存款出卖不受期限限制。对港币的处理与其他外币稍有不同，鉴于华南地区解放较迟，港币流通量很大，流通面很广等特殊情况，1949年至1950年初，暂时允许港币流通，直至1950年后才禁止流通。

第四，取缔和打击非法经营高利贷的"地下钱庄"。由于多年通货膨胀，新中国成立初期地下钱庄在大城市中势力很大。以全国金融中心上海为例，估计其存放款额平时约为私营钱庄的30%～40%，在银根紧、利息高时，则要大于私营钱庄2～3倍。物价波动时，地下钱庄更是投机资金的调度枢纽。因此，各城市对地下钱庄严加取缔。如1949年11月下旬，上海一次查获地下钱庄26家，广州在12月间查获地下钱庄170余家。[①] 这对于打击金融投机，巩固人民币的市场地位起了重要作用。

第五，兑换收清各种地方货币。人民币发行以后，对各解放区发行的地方货币即逐步收回，采取"固定比价，混合流通，逐步收回，负责到底"的办法。从1948年12月1日起，华北、山东、西北解放区的公私款项收付及一切交易，就以人民币为本币单位，逐渐收回原来的地方货币。当时发行的人民币对各种地方货币的收兑比价分别为：对中州币是1∶3；对冀南币、北海币、华中币是1∶100；对长城银行券是1∶200；对晋察冀边币、热河省银行券是1∶1000；对陕甘宁贸易公司商业流通券是1∶2000；对冀热辽边币是1∶5000。其他解放区发行的货币，也随着各大城市的解放逐步兑换收清。

---

① 《当代中国的金融事业》，中国社会科学出版社1989年版，第51页。

东北地区解放较早，工业基础较好，在解放战争期间就开始全面恢复经济。为使东北的经济恢复免受关内通货膨胀的影响，并为全国的经济恢复奠定基础，中央特意推迟统一东北币。直到1951年4月，才以1∶9.5的比价收回东北币。1959年3月，西藏在平定上层反动集团叛乱之后，也使用人民币，并于7月29日开始收兑藏币。至此，人民币占领了大陆的全部市场。在此基础上，中央人民政府又采取得力措施稳定人民币币值，巩固人民币的地位，为恢复和发展国民经济打下了坚实的基础。

上海是全国的经济中心，上海财经的好坏，影响到全国经济的稳定与发展。当时主持全国财经工作的陈云，于1949年7月到上海进行调查研究，就统一财政经济、控制市场物价等问题制定新的措施。

继1949年6月以上海为中心的"银圆之战"以后，投机资本家又囤积粮食、煤炭、棉纱等，在市场上兴风作浪。从7月底开始，涨价风潮再起。到10月中旬，几个大城市物价猛涨一倍半。10月15日，物价风潮又起。先从津、沪开始，继而波及华中、西北，从五金、化工原料等进口商品开始，进而发展到粮食和纱布。物价从10月上旬到11月25日，上涨3.26倍。这次较量的主战场仍然在上海。

为了击败投机资本的猖狂挑战，人民政府针锋相对，精心组织了一场"米棉之战"，由中财委直接指挥。11月13日，陈云批示：国营商业部门应在抛售物资方面大踏步后退，暂不将主要物资抛售，要保存实力，选择适当时机，全国一致行动，一举击溃投机势力，刹住哄抬物价之风。同时，在全国范围内紧急调拨物资。又及时清理上海、汉口纱布存量，催促华中棉花东运；为了保证上海的粮食供应，还从江苏、浙江、安徽、四川和东北、华中地区调拨抢运。为了保证物资调运，各地贸易公司全力组织装卸，铁道部及时回拨空车。经过紧张调运，到1950年上半年，上海已掌握8.5亿公斤粮食，够一年半的周转用量。这一场粮食调运意义重大。它实际是保卫新中国的第一个重大的经济行动。动员面广、历时长。粮食调运的成功，为中共新政权的巩固起到了重大作用。情况正如陈云所说："人心乱不乱，在城市，中心是粮食。"

中财委又指示人民银行，加强现金管理，设法紧缩银根。陈云于11月13日向各地发电，要求中国人民银行总行及各主要分行自收到电文之日起，除中财委及各大区财委认为特殊需要批准者外，其他贷款一律暂停，同时按约收回贷款；各大城市于11月25日左右开征几种能起收缩银根作用的税收；由各大区财委负责，暂停支付工矿投资及收购资金；部分地方经费推迟15天至20天发放。

经过周密准备，开始对投机势力进行全面反击。从11月20日开始，各地国营商店跟随市场价格，逐步提高牌价，抛售一些冷背商品。11月25日，全国各大城市趁高价大量抛售主要物资。投机商人错误地认定物价还要上涨，便不惜用高息借贷吃进。上海市场借贷日息由月初的12‰～14‰迅速上升到下旬的80‰～100‰。国营商业凭借雄厚的经济实力，连续十天大量抛售，物价逐渐下跌，仅粮价就下跌了30%～40%。与此同时，继续紧缩银根。投机商人不得不抛货还债，但是越抛越贱，越贱越卖不出去，只好借新债还旧债。不但亏了老本，还要偿还高息，闹得倾家荡产。仅上海一地就有数十家粮食批发商宣布破产。各地市场从11月25日起趋向稳定，至12月上旬，物价风潮告一段落。

这次波及地区最广、持续时间最长、涨幅最大的物价风潮，仅十天左右就被平息下去。人民政府经过这次斗争，完全掌握了市场主动权。"米棉之战"的胜利，用事实教育了资产阶级，使他们不能不承认人民政府管理经济的能力。上海一位有影响的民族资本家事后不无感慨地说："6月银圆风潮，中共是用政治力量压下去的，这次仅用经济力量就能压住，是上海工商界所料想不到的。"①

经过"银圆之战"和"粮棉之战"，人民政府基本上稳定了金融市场和主要物资市场。此后，物价虽然仍有起伏，但是再没有出现过大的波动。1950年春节前后，上海的投机商又囤积纱布，妄图进行最后挣扎。人民政府经过紧急调运和精确预测，适时抛售、压价和稳价，配合税收、发行公债等财政金融手段，很快取得了胜利。结果，投机商妄图掀起的涨价风，使私营钱庄倒闭50%、投机商行倒闭10%。

人民政府从1950年开始，又采取措施打击投机资本，抑制通货膨胀。主要有：

第一，开办折实储蓄。这是中国人民银行开展的一种储蓄

---

① 薄一波：《若干重大决策与事件的回顾》（上），中共党史出版社2008年版，第58页。

业务。先确定每个折实单位所包括的实物项目和数量标准。一般是从米、面、油、盐、煤、布等基本生活必需品中选择几种，以前五天的平均市价相加，作为一个折实单位，作为按日或按旬的货币交换依据，稳定金融。1949年6月中国人民银行开办折实储蓄，各地迅速落实，陆续开办了折实储蓄和短期存款，并灵活调整利率。上海市成立银钱业利率委员会管理市场利率，当物价上涨时，将利率迅速提高，一方面吸收市场资金，减少游资作祟，另一方面加重商品投机者的负担，使他们不敢过分囤货，以利稳定物价；当物价稳定或下降时，又将利率徐徐下降，减轻生产成本和工商业负担。在处理人民银行与私营银行的关系时，采取主动的策略，遇到物价上涨，人民银行利率则高于私营行庄，使投机家们有所顾忌；遇到物价平稳或下降时，人民银行利率抑低至私营行庄利率之下，使市场利率随人民银行的利率抑低而下降，但每月平均利率，以不高于私营行庄利率为准。1950年2月，折实储蓄的金额达到最高峰。为了保证存款人在物价波动中免受损失，人民银行逐步实施保本保值储蓄。随着物价趋于平衡，折实保本保值储蓄逐渐由货币储蓄替代。

第二，发行公债，弥补财政赤字。在财政开支不能减少、物价难以稳定的情况下，中央人民政府决定，从1950年1月起发行公债，并且折实以牌价为准，有借有还。折实公债的价格按照各大城市市场批发价加以平均，全国共发行1亿"分"。"分"的折实计算方法为：每"分"以上海、天津、武汉、广州、成都、西安六大城市的大米（天津为小米）6市斤、面粉

1.5市斤、白细布4市尺、煤炭16市斤的批发价总和计算。偿还期为5年,年息为5厘。首期折实公债发行之后,由于全国财政状况迅速好转,原计划的第二期1亿"分"公债没有发行(旧币每"分"3万元,折新币3元)。

第三,回笼货币。在金融物价形势紧张时,人民银行除暂停一切贷款、加紧催收到期贷款外,必要时甚至推迟军政经费的发放时间,限制机关、国营企业及信用社的取款数量,以确保货币回笼。同时,迅速健全各地税收机关,加强税收工作。

第四,扩大人民币的流通领域。为了解决人民币在广大农村的流通问题,中财委要求新解放区的党政领导,指导并协助国营贸易机构,选择若干县的重要集镇、商店,按照国营贸易公司的统一牌价,售货时专收人民币。同时,要求国营企业部门加强对主要农产品的收购工作,积极组织工业品下乡,扩大城乡物资交流,加快人民币占领市场的步伐。

通过以上措施,人民政府打击了投机资本的猖狂气焰,基本上结束了金融混乱和市场物价剧烈波动的严重局面。据国家统计局统计,各大城市批发物价指数,以1950年3月为100,同年12月为85.4,1951年12月为96.6,实现了稳中略有回落。毛泽东对稳定金融物价、遏制通货膨胀的成功给予高度评价,说它的意义"不下于淮海战役"。

二、统一管理国家财政经济

◎组建全国财经工作的领导机构

◎上海财经会议

◎统一全国财政收支管理、统一全国物资管理、统一全国现金管理

◎"饭匀着吃,房子挤着住"

◎中财委统一调拨所有库存资产

◎各企业、机关、部队、合作社的现金集中调度

◎1950年4月开始,收支接近平衡

◎物价趋向合理稳定

新中国成立前,各解放区的财政,基本上是在中央统一政策指导下分散管理,各有货币,自管收支。新中国成立后,为了解决收支脱节问题,平衡国家财政收支,稳定金融物价,保证国民经济的恢复和发展,在地域、交通、物资交流、货币等方面统一之后,统一管理全国的财政经济就势在必行了。

早在1949年3月,中共七届二中全会在制定进城后财经工作大政方针时,就决定建立中央财经委员会统一领导全国财经工作。同年5月31日,中共中央发出《关于建立中央财政经济机构大纲(草案)》[简称《大纲(草案)》],决定在中国人民革命军事委员会之下,建立中央财政经济委员会,并陆续建立若干财政经济部门,作为中央的财政经济机构,全面领导

国家的财政经济工作。《大纲（草案）》还决定，在东北、西北、华东、华中等地区及各省大中城市建立财政经济委员会及各级人民政府委员会若干财政经济部门，在中央和上级机关领导下进行工作，从而确定了中央财政经济委员会在经济战线的统一领导地位。1949年7月12日，在华北财经委员会的基础上建立了中央财政经济委员会，由陈云任主任，薄一波任副主任。10月21日，在中央财经委员会的基础上，建立中央人民政府政务院财经委员会，仍然简称中财委，继续由陈云、薄一波任正、副主任，增加著名经济学家、民主人士马寅初任副主任，薛暮桥任秘书长。

作为新中国第一个领导全国财经工作机构的中财委，在稳定金融物价、统一财经管理、调整工商业、恢复国民经济、编制第一个五年计划等方面发挥了重要作用。1954年，由于执行第一个五年计划，财政经济领导工作量大幅度增加，国家陆续建立了计划委员会等部门，中财委的工作职能由几个部委分别承担，经济工作中的一些涉及面宽的问题也由国务院召开的各种会议协调解决，中财委完成了历史使命而被撤销。

在1949年7月27日至8月15日召开的上海财经会议上，中财委决定逐步采取措施，统一全国财政经济管理。针对当时通货膨胀、市场混乱等严重情况，决定首先统一如下几项工作：第一，统一规定各地秋粮征收任务，以及1949年8月至12月的货币发行量和各区域间的物资调拨计划；第二，统一税率；第三，建立由中财委领导的发行库；第四，建立全国性的花纱布公司、土产公司，集中掌握几种主要物资。根据这次会议的决定，中财委从各地调拨物资，重点保证上海需要的粮食、棉花和煤炭，以稳定经济秩序，恢复生产，从此开始实行对粮棉等关系国计民生的重要物资的统一调拨。

1949年底至1950年初，经过同投机资本在金融物价领域里的几番斗争，物价初步稳定，但是物价和市场仍存在着隐忧。主要是：财经尚不统一，收支脱节，中央财政缺乏坚实基础。一方面，中央负担过重，1950年3月，全国军政公教人员已超过900万人，按1949年标准计算人均费用折合4000斤小米，共需要180亿公斤。另一方面，财政收入难以按计划完成，1950年2月税收只完成60%。更为严重的是收支脱节，收入大部由地方掌握，而500万军队的开支要由中央支付。收支脱节造成的财政赤字，只能靠发行钞票弥补。人民币的发行额，以1948年底为基数，到1949年11月增加约100倍，到1950年2月增加270多倍。[①] 因此，要从根本上稳定市场和物价，恢复和发展生产，必须平衡财政收支、通货吐纳和物资供求。由于中国贫穷落后，各地区经济发展很不平衡，收支状况紧张，机动力量有限，只有将有限的收入集中使用，方能有所作为。统一财经工作迫在眉睫。

1950年2月13日至25日，中财委召开全国财政会议，讨论统一财经、紧缩编制、现金管理、物资平衡四大问题，并作了具体部署。陈云在全国财经会议上讲：

---

① 《当代中国财政》（上），中国社会科学出版社1988年版，第36页。

今天我们的工作，已不是一个地区或一个部队的工作，而是4.75亿人、地大物博的全国性工作。

为了战胜暂时的财政困难，在贫困落后的经济基础上前进，必须尽可能地集中物力财力，加以统一使用。只要我们把力量集中起来，用于必要的地方，就完全可以办成几件大事。决不应该把眼光放得很小，零零乱乱地去办若干无计划的事。

我要提醒同志们，必须提高自觉性。首先，要把自己的工作放在全国大范围来看，如果发现自己的做法与全国的任务不相符，应该立刻觉悟，立刻纠正，否则几年后是要在人民面前检讨的。我们不应该做后悔的事。

浪费是严重的错误。我们对财经人员的要求，不应该只是不贪污的问题，那是旧社会的标准。我们的标准是不但不能贪污，而且是不能浪费。就是说，国家的财力物力一定要用得恰当。所谓恰当，就是迟用、早用、多用、少用、先用、后用、缓用、急用的问题解决得好。这就需要有群众观念。①

经过充分论证，会议作出了《关于统一国家财政经济工作的决定》。政务院于1950年3月3日正式颁布了这个决定，并于3月24日通过了《关于统一管理1950年度财政收支的决定》，形成了以集中统一为基础的财经管理体制的雏形。这个

---

① 《陈云选集》第二卷，人民出版社1995年版，第61~62页。

决定的主要内容有：成立以薄一波为主任、聂荣臻为副主任的全国编制委员会，制定工作定额，核实编制，统一调配人员；成立以陈云为主任、杨立三为副主任的全国仓库物资清理调配委员会，统一调度仓存物资，合理使用。

这次统一财经工作的范围十分广泛。基本内容有三项：统一全国财政收支管理、统一全国物资管理、统一全国现金管理。其中核心是统一全国财政收支，重点又是统一收入，保证中央财政的需要。

第一，统一全国财政收支管理。当时，财政收入主要是公粮和城市税收。对于公粮，规定除地方附加粮外（一般为正粮的5％～15％），全部归中央人民政府统一调度使用。对于税收，除批准征收的地方税外，所有关税、盐税、货物税、工商税等，均归财政部统一调度使用；同时要求全国县以上单位，于三个月内建好国库，禁止延期缴库及挪借行为；一切公营企业及合作社，均须遵照财政部的规定，按时纳税。对公粮的征收额，包括地方附加额以及税收的税则、税目、税率，统由财政部报请政务院批准施行，各地人民政府未经批准不得增减和变动。统一支出的目的在于保证军队与地方人民政府的开支及恢复国民经济所必需的投资。为此，重申要贯彻"增加生产，厉行节约"的方针，并对预算拨款规定了先前方、后后方、先军队、后地方的原则。还提出三项要求：（一）制定编制，统一供给标准。做到编制有定额，供给有标准，经费有定数，大大缩减行政费用。（二）节省支出，保证重点。（三）为提高工作效率，规定各机关工作人员的数量、职责范围和工作任务；

国营企业除规定职工人数及生产产品的质量与数量外，还实行原料消耗的定额制度；要求一切经济部门提高资金周转率，严惩贪污浪费。

在紧缩开支的情况下，人民政府对于旧政权的军政公教人员仍采取"包下来"的政策，保持原职原薪不变，适当降低待遇，同政府机关所有工作人员一起，"饭匀着吃，房子挤着住"。对于裁减下来的人员，也有步骤地加以改造和合理使用。

第二，统一全国物资管理。在对国有资产清仓查库的基础上，由中财委统一调拨所有库存资产，以提高物资利用效率，减少财政支出与向国外的订货。为了调节国内供求，组织对外贸易，有计划地供售物资和回笼货币，各地国营贸易机构业务范围和物资调动，由贸易部统一负责规定。贸易机构与各工商企业、各合作社的营业往来，均需依照经营业务的正常经济核算制度进行管理，不得以财政经费不足为由，拖欠贸易机构的货款；一切经济单位之间的营业往来，必须严守信用，对方失信可向法庭控告。国营贸易机构每日所售得的现金，必须逐日解缴国库，不得挪用拖延。一切部队机关，不得经营商业。这些规定初步形成了行政管理高度统一与市场经营讲究等价和信用相结合的物资管理体系。

第三，统一全国现金管理。在统一财经中，实现现金管理的主要目的是把所有属于国家而又分散在各企业、机关、部队、合作社的现金，由国家银行统一管理，集中调度。1950年3月，中央人民政府指定中国人民银行为国家现金调度的总机构，国家银行设立分支机构，代理国库。外汇牌价和外汇调度由中国人民银行统一管理。至1950年5月底,全国现金收支实现平衡。现金支出大量减少。与同年2月底比较,各项存款增加4倍,外汇库存储备增加2倍。1950年10月,由于抗美援朝战争等因素影响,国家银行普通存款开始减少。同时,因军费增支及收买外汇,现金支出增加,造成新的金融困难。在这种形势下,中财委决定立即采取稳定金融的措施,由扩大货币流通与信贷支持收购农产品的方针,转变为巩固货币流通、紧缩信贷、稳定金融、稳定物价的方针,以制止可能发生的金融波动。公家在银行的存款暂时定期冻结,贸易公司暂时缓收、少收农副土产品,鼓励农民对贸易公司期卖或易货。要求部队、机关、团体的领导人严守现金管理制度,新领的经费或现金收入,必须存入国家银行。同时加强市场管理和税收管理。11月14日,中财委就冻结存款又发出补充指示,要求银行在加强管理公营现金,停止贸易部门贷款的同时,大量吸收私人资金,开展储蓄、保险业务,以保本保值为主要方式,扩大办理储蓄;团结私营行庄与国家银行一致行动;在进出口业务中尽可能减少本币的投放;加强金融市场的管理,严禁金融黑市和地下钱庄。通过多种方式巩固现金收支平衡。上述措施收到了稳定物价、巩固金融的良好效果,1950年11月底,物价较上旬下跌1.1%。事实表明,现金由中国人民银行统一管理、集中调度,避免了市场上通货过多,有助于稳定市场与物价。

这次统一管理财经工作的决定,虽然涉及范围很广,统一程度较高,但也留有相当余地。在统一管理之下,仍有一些项目是分散管理的,例如按规定比例征收的地方附加粮和地方税,因严查漏税得来的款项,以二八分成的比例大部留给地方。地方还负责对农业生产的组织领导,对中央所属企业完成计划过程中的指导、协助和监督等(当时统一财政经济工作不包括东北)。为了贯彻落实这一决定,中共中央又及时发出指示,要求全党加强对统一财经工作重要性的认识,正确对待转变管理方式过程中出现的困难,共产党员必须做遵守国家法令的模范。陈云要求财经部门一定要树立整体观念,克服局部观念和本位主义,提高统一财经的自觉性。严明的纪律保证了统一财经工作的顺利进行。从1950年3月到6月,仅用3个月的时间就实现了全国财经工作的统一管理。1950年6月,毛泽东在中共七届三中全会上指出,要巩固财政经济工作的统一管理和统一领导,巩固财政收支的平衡和物价的稳定。在此方针下,统筹兼顾,调整税收,酌量减轻人民负担,促进整个社会经济的恢复和发展。

国家实行统一管理财政经济,在很短的时间就取得了显著的成效。主要表现在以下两个方面:

第一,财政收支平衡。中央统一掌握了财政收支大权之后,国家可以迅速、及时地掌握各地财政收入状况。由于建立了全国税收日报制度,中央隔日可以掌握全国56个较大城市的税收数额以及盐税、关税数额。在征收公粮的季节,每旬大体可以得到全国征收与入库的报告。各地征收的公粮,大部分可以按时入库。国家及时了解全国财政收入,可以有效持久地保证国家各方面必不可少的财政支出的需要,各级人民政府、部队以及由国家供给补助的机关、学校团体的预算，都能得到妥善解决。可以在财力有限的情况下，分别轻重缓急支配开支，解决许多带有全局性的大事，包括支持解放海南岛、舟山群岛等军事行动；加快铁路交通运输、邮电、重点水利工程和钢铁冶炼等重工业的恢复和发展；在保证军队开支的同时，拿出30亿公斤公粮平抑市场粮价，拿出50亿公斤公粮救济受灾民众和城市手工业工人。国家也开始适度举债，增加财政收入。1950年1月，国家正式发行人民胜利折实公债。在利用外债方面，1950年2月14日，中苏签订了关于中国向苏联贷款3亿美元的协定。

从1950年4月开始，国家的财经状况出现好转，收支接近平衡，市场进一步稳定。到1950年底，国家财政赤字由原概算的18.7%减少为4.4%。1952年，国家财政收入比1950年增长181.7%，财政支出增长158.5%。1952年国家财政收入总额超过支出，达到收支平衡并略有节余。财政收支的构成也发生了重大变化：在总收入中，各项税收所占的比例由78.8%降为56.2%，来自国营企业的收入则由13.4%上升到31.2%，几乎占全部收入的三分之一；在总支出中，经济和文化建设支出的比重逐年增加，由1950年的近37%增长到1952年的近60%，奠定了国家财政在恢复经济和发展生产及社会事业中的基础作用。

第二，金融物价基本稳定。财政收支平衡，为金融物价的稳定打下了坚实的基础。加之实行全国现金的统一管理，对分散在各企业、机关、部队的现金由人民银行统一管理，集中调度，既增加了国家能够使用的资金，又避免了社会上通货过多。实行现金统一管理以后，国家的金融状况明显好转，多年通货膨胀形成的"重货轻币"现象开始改变。1950年5月，国家银行存款总额比2月增加4倍，经常保持在市场货币流通量的3倍以上。

由于人民政府统一调度主要物资，国营贸易机关进一步集中掌握粮食、纱布、工业原料等，供应生产者和消费者，有效地遏制了投机资本的活动；同时，国营商业部门还根据市场情况，有计划、有组织地调整了多种产品的地区差价、批零差价、季节差价和工农业产品的比价，使物价进一步趋向合理稳定。从1950年3月起，物价上涨势头得到遏制，4月以后，开始稳中有降。如以1949年12月为基期，则1950年六大城市32种商品加权指数为：1月121.2，2月177.3，3月210.9，4月173.4，5月154.6；如以1950年3月为基期，则4月为75.1，5月为69.2。7月以后，尽管因抗美援朝战争影响，国内物价有所波动，但基本物资，如粮食、棉纱、燃料等价格仍然稳定。

事实证明，迅速建立集中统一程度较高的财经管理体制，是在国家生产力水平低下、经济发展极不平衡的历史条件下的正确选择。这一措施对于克服财政赤字、稳定市场和发展经济方面是成功的。刘少奇指出："现在国家的财政经济工作已经统一，国家的财政收支已接近平衡，不久可能完全平衡，金融物价已趋向稳定。这是全国最大多数人民的利益。这是除人民解放军在前线上的胜利以外，从中央人民政府成立以来为人民所做的一件最大的工作。"① 这项工作结束了旧中国几十年财政收支不平衡的局面，它向全世界表明，新中国不仅能够在政治上日益巩固壮大，在经济上也同样能够战胜各种困难，获得恢复和发展。中国财经状况的初步好转，为调整工商业和实现财政状况的根本好转创造了有利条件。

三、调整工商业

◎公私企业关系出现的新问题

◎资本主义工商业在国民经济中占有重要地位

◎毛泽东说"两全其美是可能达到的"

◎私营经济感到无合法地位

◎"否则人家说我们讲空话"

◎"分工合作，各得其所，这必须充分实现"

◎七大城市的工商局长会议

◎扩大加工订货和统购包销，调整工业的公私关系

◎调整价格和经营范围，调整商业的公私关系

◎改进对私营工商业的管理办法

◎调整产销关系，减少私营工商业在生产经营上的盲目性

◎调整劳资关系，"降低工资，劳资团结，渡过难关"

◎组织失业工人参加公共工程的建设

在平抑物价和统一财经的过程中，国家采取措施，紧缩银

---

① 《刘少奇选集》下卷，人民出版社1985年版，第15页。

根，对部分工商业经营活动产生了一定的消极影响。

物价趋向稳定以后，1950年三四月，市场供求关系出现了新的变化。投机者不仅停止了囤积居奇，而且还向市场抛售囤积的物资；许多消费者也因在通货膨胀时期购存了不少消费品，暂不购买商品。通货膨胀时期虚假购买力的消失，加之城乡购买力低、季节影响、公债发行等原因，发生了商品滞销并跌价，银行的货币存款大增而难以放出，致使部分工厂关门，商店歇业，失业人数增加。这种现象不仅发生在上海、天津等大城市，而且蔓延至许多中小城市。

当时，资本主义工商业在国民经济中占有重要地位，在全国工业产值中占48.7%，在商业批发额中占76%，在零售总额中占83.5%，特别在卷烟、面粉、食品、纸张、烧碱、煤炭、棉纱、棉布、食盐等关系人民生活的行业中占有举足轻重的地位。停产歇业，主要发生在资本主义工商业中，对经济生活产生很大影响。

据当时全国总工会的不完全统计，3月至4月全国新增加的失业职工约10万人，其中上海5万，武汉2.5万，天津1.4万，加上原有的失业人数，全国各大城市的失业人员约38万至40万。另据1950年5月七大城市工商局长会议统计，1950年1月至4月，在14个城市中有2945家工厂关门，在16个城市中有9347家商店歇业。大城市的困难重于中小城市，上海重于其他城市，工业重于商业，工厂越大困难越重。从行业来说，以粮食、布匹等批发业及高级消费品行业最重。全国私营工业5月份主要产品产量同1月份相比，棉纱减少38%，绸缎减少47%，毛纱减少20%，卷烟减少59%，烧碱减少41%，普通纸减少31%。① 面对这种形势，资产阶级惶恐不安，认为人民政府改变了保护私营工商业的政策，失望和不满情绪也在一部分工人和城市居民中蔓延。一些敌对分子乘机造谣，挑拨群众与政府的关系。经济问题已经影响到社会的安定。

当时，中央已经觉察到问题的症候。从3月27日至4月6日，中共中央召开有各大区负责人参加的政治局扩大会议，主要讨论财经问题、土地改革和军事等问题。毛泽东在会议上说："中央人民政府成立以后，主要是抓了一个财政问题。目前财政经济的好转还只是财政的好转，并不是经济的好转；财政的好转也只能说是开始好转，根本好转需要完成土地制度的改革。目前财政上已经打了一个胜仗，现在的问题要转到搞经济上，要调整工商业。"他针对党内一部分干部中存在的要挤垮私营工商业的错误倾向指出："和资产阶级合作是肯定了的，不然《共同纲领》就成了一纸空文，政治上不利，经济上也吃亏。'不看僧面看佛面'，维持了私营工商业，第一维持了生产；第二维持了工人；第三工人还可以得些福利。当然中间也给资本家一定的利润。但比较而言，目前发展私营工商业，与其说对资本家有利，不如说对工人有利，对人民有利。"他还进一步提出："我们是一个大党，策略上要特别注意。尤其是我们现在胜利了，要巩固胜利，更要注意，要反对'左'的思

---

① 《中国资本主义工商业的社会主义改造》，当代中国出版社1997年版，第69页。

想和'左'的做法。"① 毛泽东还说"两全其美是可能达到的"。

接下来一周后,在全国政协常委会扩大会议上,毛泽东进一步说:"以前集中力量搞财政是对的,以后要转到工商业方面。《共同纲领》中说五种经济要各得其所,现在私营经济感到无合法地位,公营经济中也有不得其所的。要在经营范围、原料、市场价格、周转资金等方面,将私营经济真正作为国家五种经济的一个组成部分。从4月到9月的6个月中,中财委要召开一些工商业会议,调整工业要有所准备,要工商业者、公营企业参加,由政府领导,把口号变为实际,否则人家说我们讲空话,未能实行《共同纲领》所规定的。"②

为了全面认识新形势下出现的新问题并提出解决的办法,1950年4月13日,中央人民政府委员会召开第七次会议,讨论资本主义工商业的困难问题。会议听取和批准陈云《关于财政状况和粮食状况的报告》。毛泽东就陈云的报告发表讲话,更明确地说:"今后几个月内政府财经领导机关的工作重点,应当放在调整公营企业与私营企业以及公私企业各个部门的相互关系方面,努力克服无政府状态。《共同纲领》规定,在经营范围、原料供给、销售市场、劳动条件、技术设备、财政政策、金融政策等方面,调剂各种社会经济成分至国营经济领导之下,分工合作,各得其所,这必须充分实现,方有利于整个

---

① 薄一波:《若干重大决策与事件的回顾》(上),中共党史出版社2008年版,第70~71页。
② 中共中央文献研究室:《毛泽东年谱》(1949—1976)第一卷,中央文献出版社2013年版,第114页。

国民经济的恢复和发展。现在已经发生的在这方面的某些混乱思想,必须澄清。"①

4月23日,毛泽东给中国最大的工商业集中的城市上海市市长陈毅电报,指出:"目前几个月确实应当用大力气来做调整公私关系、劳资关系,维持生产与救济失业的艰巨工作。"②

按照之前的部署,在中财委组织领导下,召开了一系列有私营工商业者参加的工商、税务、贸易、油脂、火柴、橡胶、机械、纺织、造纸、印染等专业会议,以摸清行业和市场情况。

1950年5月8日至25日,中财委在北京召开上海、天津、武汉、广州、北京、重庆、西安七大城市的工商局长会议。在今天看来,这样的会议像是行业专业会议,无非是具体的业务工作,当年这可是牵涉大政策的调整。陈云在会上分析形势时指出,商品滞销除了物价稳定这一最主要、最直接的原因外,还与生产、消费结构变化,产品结构有关。过去,旧中国12年处于战时分割状态,为了适应军事需要,各地开办了许多工厂。如西北,胡宗南为保证其所部几十万军队的粮饷,开办了大量面粉厂。在抗日根据地,太行山区有4000纱锭的纺织厂,延安也有火柴厂。全国统一以后,某些行业出现了生产过剩。从消费角度来说,有的产品在数量上和质量上都难以适合社会需要。新旧政府的更迭反映到消费上则是:360万军政干部的

---

① 中共中央文献研究室:《毛泽东年谱》(1949—1976)第一卷,中央文献出版社2013年版,第116~117页。
② 中共中央文献研究室:《毛泽东年谱》(1949—1976)第一卷,中央文献出版社2013年版,第123页。

消费水平较国民党时期的公务员低了很多。上海市市长陈毅每月自由支配的个人收入仅合50斤小米。过去依靠外国市场和为达官贵人服务的商品，现在失去了市场。城市居民的实际购买力下降了20%。这种降低不可能一下子恢复，有些也不应该恢复。由此带来了产品结构的调整问题。

1950年6月6日至9日，中共七届三中全会在中南海怀仁堂召开。毛泽东作了题为《为争取国家财政经济状况的基本好转而斗争》的书面报告，并作了《不要四面出击》的发言。陈云作题为《目前的财政金融状况》的发言，阐明了调整工商业的必要性、调整的内容和有关政策措施。会议决定合理调整工商业，调整税收，使工厂开工以解决失业问题，同时改善同资产阶级的关系。

1950年6月至9月，中财委的工作重心从财政方面转到经济方面，首先抓现有工商业的调整，主要措施是调整公私关系、劳资关系和产销关系。具体做法为：

第一，扩大政府对私营工业企业的加工订货和统购包销，调整工业的公私关系。这是国家扶持私营企业，协助其解决原料、销路、资金周转等困难，发展生产、加强国营经济对私营经济的联系和领导的重要手段。根据国家的需要和可能，一年组织两次加工订货。如上海私营棉纺织业在1950年6月至9月承接国营企业委托加工的棉纱，比1949年6月到1950年5月增加1倍。在1950年召开的全国机械工业会议上，天津私营机械工业承接的订货，占同行业生产能力的80%。

第二，调整价格和经营范围及调整商业的公私关系。调整价格主要是按照稳定物价及产、运、销三者有利的原则,规定适当的批零差价和地区差价,使私营商业有利可图。从1950年6月1日起,各地国营贸易公司按贸易部的通令,调整零售价格。如上海市先后调整了米、油、盐、糖、布等主要商品的零售与批发价格。天津市将布的批零差价由1.56%提高到6.99%,煤的批零差价分别调整为6%、7%。同时调整了一部分不合理的地区差价。上海和松江间每件20支纱的差价,由倒差18元调整为正差18元。调整经营范围的要求规定,国营商业主要经营批发业务。国营零售店一般只经营粮食、煤炭、纱布、食油、食盐、石油等生活必需品,其余非主要商品一般不兼营零售。国营商业所设零售网点数量,以能够稳定零售市场价格为限度,让出的品种和网点由私营零售商业经营。国家在保证市场稳定的条件下,收缩了一些国营商业机构。6月,北京市零售公司撤销了3个营业处、10个零售商店;上海土产公司从8月起撤销全部特约经销处49家。在出口方面,国家只经营几种主要物资而且是一部分。在进口方面,国家主要经营工业器材和军用器材,对民用器材的经营以能调剂供求、稳定物价为限度。其余商品的进出口均由私商经营。在国家经营的部分中,还可以采用合同方式委托私商代购代销。

第三,改进对私营工商业的管理办法。除若干必须通过集中交易才能控制的商品外,允许场外成交。改进交易所的管理办法,简化手续,便利购销。除国家统购、统一分配和掌握的出口物资外,放宽或取消了采购证照制度。在物价稳定以后,工商行政管理部门停止若干商品的议价核价,部分商品在节日或工商行政管理部门认为有必要时，由同业公会实行议价。国家还降低了食盐、棉纱、棉织品和毛织品的税率，并将工商业税由16种减为11种，货物税原定1136个征税品目简并为358个；同时提高了工商业所得税的起征点和最高累进点，累进级数由14级增加到20级，放缓了累进。对一些确有困难的欠税户，酌情予以减免或缓征。为了减轻工商户的负担，国家还决定停止发行第二期公债。

第四，调整产销关系，减少私营工商业在生产经营上的盲目性。按照1950年6月至9月先后召开的各类全国性专业会议精神，调整公私关系和产销关系，具体拟订各行各业分工合作的原则及产销计划。各地区也分别召开专业会议，协商分配生产任务，对私营工商业开业、歇业、兼业加强管理。通过同业公会组织技术研究会和技术讲习班，推动私营企业改进生产经营。对工商业发展的重大动向由政府及时发出通告。1950年7月，中财委根据各地工商局的报告，发布《关于适当限制某些已经过剩或已达饱和状态的生产》的公告，指出火柴、卷烟等六业严重生产过剩；地毯、针织等五业生产能力超过国内外市场的需要；铅笔、灯泡等十一类产品已达饱和状态，应适当限制产量，不可盲目发展。

第五，调整劳资关系。按照确保工人民主权利、有利发展生产、通过民主协商解决劳资问题等三项原则，做好劳资双方的工作。政府在保护工人合法利益的前提下，对工人进行"公私兼顾、劳资两利"的政策教育，保证私营工商业生产和经营的正常进行。到1950年6月底，北京、天津、上海、武汉、广州、济南等地已建立923个劳资协商会议,其中270个是产业或行业协商会议。在协商过程中,一方面责成资方积极改进经营,精减冗员,节省开支,降低成本,禁止他们抽调资金,躺倒不干;另一方面动员工人努力提高劳动生产率,或担负更多的生产任务,甚至忍痛减薪,为维持私营企业的生存作出牺牲。当时有个口号叫"降低工资,劳资团结,渡过难关"。但这时也发生了有的资本家趁机过分压低工人工资,甚至私自辞退工人等现象。

面对调整工商业过程中失业人数增加的新问题,中共中央于1950年4月14日、6月17日、11月21日三次发出指示,就失业工人的救济、安置等作出规定,既保证调整工商业的继续进行,又保障失业者的最低生活,稳定了社会。国家尽可能把失业工人组织起来参加公共工程的建设,如兴修水利、修建市政工程等。在调整工商业的过程中,收购农产品具有重要意义。政府鼓励合作社和私商收购,对私商的运输给予便利,在税收政策和手续上予以适当照顾。在价格政策上,既考虑城市消费者的承受能力,又使粮价维持在一定的水平上;既保护农民正当的生产利益,还要使私商有利可图。4月10日开始,政府向农村投放货币,5月初市场出现转机,6月重新活跃起来。1950年秋,政府决定放手购粮,同时加强农副产品的推销与出口工作,进口一部分农民需要的日用品,以进一步繁荣农村市场,活跃国民经济。

国家还调整了贷款政策,对私营工商业适当扩大贷款额。1950年下半年,国家分配给中国人民银行各区分行贷款总额超过2亿元,为上半年的2.5倍,主要用于扶持私营工商业。同时,还调整了国家银行与私营金融业的关系。国家鼓励私营金融业在扶植生产,促进城乡交流、内外交流、资金回流以及吸收侨汇等方面发挥积极作用。

经过价格和经营范围的调整,私营商业经营情况大有好转,开业增加,歇业减少。北京、天津、上海、武汉、济南五个城市的私营商业,1950年9月申请开业的有2710户,而调整工商业前的1950年5月只有767户;歇业户1950年10月有460户,而5月份申请歇业的达5066户。到1950年底,北京、天津、上海等八大城市私营商业户数,全年开业和歇业相抵后净增9482户。后来陈云曾经形容1950年的财经工作:上半年是"统一",下半年是"调整"。

1951年,由于军需加工任务和基本建设投资扩大,特别是土改后农村购买力迅速增加,公私营商业都有较大的发展,全社会商品零售额比1950年增加37.3%,全国私营商业比1950年底增加了48万户。[①] 调整工商业不仅使得私营工商业得到健康发展,而且加强了国营经济的领导作用。在没收官僚资本基础上建立起来的社会主义性质的国营经济,在新中国已经控制了国民经济的命脉。在调整工商业的过程中,国营经济通过加工订货、统购包销等形式,引导私营经济开始走上国家资本主义的轨道。这就进一步巩固了国营经济的领导地位,为过渡时期对私营资本主义工商业进行社会主义改造创造了良好的条件。

---

① 《当代中国的工商行政管理》,当代中国出版社1991年版,第35页。

第六章
镇 压 反 革 命
新元初始——1950年的中国

一、反革命气焰不镇压不足以平民愤

◎"等待忍耐半年,瞅准时机反攻"
◎组织"反共救国军""忠义军""光复军"
◎川西地区土匪就达 104 股
◎1 月至 10 月,全国发生颠覆新生政权的武装暴乱 816 起
◎特务企图炸毁毛泽东专列
◎陈毅刚上任就收到装有子弹的恐吓信
◎广州"突击小组"要"干掉"市长叶剑英
◎群众批评政府"宽大无边"

中华人民共和国成立初期,大陆还有大量的反革命残余势力,其中政治性土匪 200 万,反动党团骨干分子 60 万,各种特务分子 60 万。他们破坏铁路桥梁,烧毁仓库,抢劫物资,纵火放毒,刺杀干部,残害群众,造谣惑众,挑拨离间,极大地损害了人民的生命财产,扰乱了社会秩序。

西南军区 1950 年初给中央的一份急电说:近一个时期以来,西南川、康、云、贵各省,连续有土匪在各地发动大规模武装暴乱。一些国民党匪军遗留下来之保安团队、惯匪、反动会道门,勾结乡村反动封建势力,趁各地新生革命政权刚刚建立以及一些地方的政权还没有来得及建立,群众尚未完全发动之机,利用当前出现的灾荒,公开对群众进行欺骗煽惑,叫嚷"等待忍耐半年,瞅准时机反攻""赶走共产党,三年不纳粮"

等口号，纷纷在各地发动武装暴乱，包围、袭击军队和地方各级政权，杀害地方干部、战士，焚毁抢劫仓库、监狱，阻塞车船交通，建立所谓"大陆游击队"，气焰十分嚣张。据初步统计，仅川西地区，各种公开活动之土匪就达104股之多，小股数十、数百余人，大股万余人一起活动，总计不下6万余人，并且还有迅猛发展的趋势。在这些发生土匪暴乱的县、区、乡各级政权几乎全都被捣毁，征集军粮和调往重灾区之救济粮款以及农村中的减租减息、建政、春耕春播等项工作，一度处于瘫痪状态。

国内其他地区，也不同程度地存在类似情况。以武汉为例，当时有各类反革命分子1.15万余人暗中活动。其中有国民党保密局局长毛人凤亲自安排的军统局湖北站特务系统，配备有电台及大量武器、弹药；有国民党中统局华中局负责人陈国英亲自部署的潜伏据点；有国民党宪兵特高组组长李萍亲自安排的下属。另外，当地农村的恶霸地主及有重大罪行的反革命分子也聚集武汉"避风"。他们或暗杀爆炸，或纵火抢劫，严重威胁着人民的生命财产安全。

据不完全统计，1950年上半年，西南地区被匪特攻打、攻陷的县城100座以上，贵阳市被匪特武装进攻5次，雅安市被匪徒包围7天，杀害干部群众3000人，被抢劫、毁坏的公粮600余万公斤。从1950年7月12日到8月11日，反革命分子在铁路线上制造了大小行车事故154起。武汉反革命分子公开在民众乐园散发传单，煽动监狱犯人暴动。皖北地区6月有土匪2000余人，到8月猛增至6000余人。有些地方，乡村干部、农会干部全家被土匪杀害，为解放军运输军需粮草的民工也整队被杀。全国1950年全年被杀的干部和积极分子多达4万人，仅广西就有7000多人。许多豪绅地主乘机反攻倒算，从7月至11月，全国"倒算"事件达1017起，其中河北省交河县就有93起。北京市电车公司工人突击制造的50多辆电车，全部被特务分子纵火烧毁。不少地方，原来已经投案自首的反革命分子，又在蠢蠢欲动。在中南，从1950年底到1951年5月，广西省匪特曾组织暴乱52次，围攻、袭击县、区、乡政府256次，杀害农会会员、民兵和村干部7219人，烧毁房屋25600间。

国民党特务机关派遣大批行动组，阴谋刺杀新政权的高级干部和爱国人士。北京行动组专门行刺毛泽东、朱德等党和国家领导人。毛泽东访苏归来，特务阴谋在铁路上安置炸弹，炸毁专列；陈毅刚出任上海市长之职，特务便送来装有子弹的恐吓信；潜入广州的一支"突击小组"也叫嚷要"干掉"市长叶剑英。陕西站行动组企图刺杀彭德怀、贺龙、甘泗淇等。号称"行动能手""百发百中，无刺不成"的特务刘德全潜入上海市，以陈毅、潘汉年等为刺杀目标。1950年1月至10月，全国共发生妄图颠覆新生政权的武装暴乱816起。暴徒与封建势力互相勾结，组织"反共救国军""忠义军""光复军"等。匪首古文明搜罗胡宗南残部等组成"九路军"，连续在重庆市郊五六个乡抢、烧、杀，抢走粮食7000石，杀害干部4人。匪首钟祖培啸聚匪众2000余人在广西恭城暴动，攻打县城，对革命干部群众挖眼、剖腹、砍四肢。这些暴徒明目张胆地杀害县、区、乡干部和积极分子4万余人。1950年秋，在北京破获的帝国主义间谍，秘密测绘地图，预谋在1950年国庆节用迫击炮轰击天安门检阅台。

反革命分子还破坏铁轨、军运，袭击车站、列车。1950年7月间，河南省境内铁路连续被破坏15次；8月间，湘桂黔铁路线上连续发生武装抢劫、袭击、破坏事件28次；最严重的一次是8月18日，土匪特务7000余人围攻广西省南丹、高桥车站达10余天。这期间全国还发生破坏铁道桥梁事件14次。京汉线上的黄河大桥、浙赣线上的钱塘江大桥、津浦线上的淮河大桥都曾发现有敌人安放的爆炸物，幸被及早排除。在广州市，特务机关密谋爆炸白云天河机场、海珠桥和珠江船只。新解放区山区不少公路屡遭匪特猖狂骚扰、杀人越货，交通几为之阻绝。

据同期东北、华东、西南、中南地区的不完全统计，在工厂企业、财经部门中发生各种破坏性事故1255起。北京市石景山发电厂一台2.5万千瓦的发电机被敌特破坏。重庆市龙门浩仓库被敌特放火烧毁，损失约5000万公斤大米。上海市特务分子罗炳乾、朱禹九指引敌机多次轰炸市区，仅2月6日的大轰炸，就伤亡2000余人，电厂设备遭到严重破坏，使工商业陷入极大困难。潜伏广州的特务，打入军区、财委、工商局、省政府等机关，大量窃取国家重要机密和财经情报。经国民党保密局特务黄海波一人之手发出的重要情报就有100余件。

但是由于一些干部陶醉于革命的胜利，对反革命分子的破坏及其危害认识不足，滋长和存在着和平麻痹轻敌思想，放松了警惕性,因而没有组织和发动群众。有些地区,片面地理解镇压与宽大相结合的政策,强调了宽大而忽视了镇压,以致发生"宽大无边"的偏向。有些干部则在新的环境中受了自由主义思想的影响,把统一战线中反对关门主义问题与在对敌斗争中坚决镇压反革命活动问题相混淆,等等,以致出现了该办的不办,如热河省敖汉旗有个国民党特务在农村中秘密发展反动组织,造谣破坏生产,法院却以"该犯系中农成分,没啥"而马虎释放;该严办的又轻办,如陕西省定边有个武占奎,有20余年反革命历史,曾杀害我高级干部6人,欺压人民,作恶多端,群众恨之入骨,法院却以"该犯年已六十,行将就木",并以"犯罪事实均在解放以前"而判处徒刑10年;该快办的慢办,失去了及时镇压反革命的效果。个别地区甚至对俘获的土匪有"四捉四放""八擒八纵"的。另一方面监狱工作也片面强调教育改造,视监狱为学校、工厂,不给犯人以应有的管制。这种"宽大无边"的偏向,助长了反革命活动的气焰。广西的敌人威胁群众说:"政府对我们宽大,你们要是帮助政府,我们对你们可不宽大。"匪首李基被捉住又释放,不出一个月,他又组织党羽烧民房千余间,杀害群众百余人。人民群众对此十分不满,说"天不怕,地不怕,就怕共产党讲宽大",批评政府"看着坏人残害老百姓,不给老百姓做主""政府宽大,坏人胆大,百姓遭殃"。福建省建宁县有的土匪被释放后仍杀害人民,被害者家属将捉到的一个土匪杀死,把尸体抬到县政府门口,并把死者的头割下来悬在县政府门口,表示对"宽大无边"的抗议。全国人民迫切要求人民政府采取坚决方针,严厉镇压反革命。

朝鲜战争爆发后,反革命分子气焰更加嚣张,认为美国的战火已经烧到中国大门,复辟的时机到了,他们叫嚷"蒋介石要反攻大陆了""美军即将登陆""黑暗将过,黎明即来",更有甚者,竟制作了星条旗和青天白日旗,准备迎接美蒋卷土重来。反革命分子更加紧破坏活动,妄图里应外合,颠覆新生政权。

反革命势力的猖狂活动说明,如果不在全国开展镇压反革命运动,特别是剿灭武装土匪,人民群众也不会有安全感,政权也无法巩固。反革命气焰嚣张,不镇压不足以平民愤。

二、大张旗鼓地镇压反革命

◎中共中央和政务院相继两次发布《关于镇压反革命活动的指示》

◎中共中央再次发出"双十指示"

◎第二次全国公安会议

◎只有镇压才能使他们服罪

◎镇压反革命分子要稳、准、狠

◎最高人民法院院长沈钧儒和司法部部长史良纷纷撰文

◎北京市共召开各种形式的群众大会3万次

◎上海市的283万人收听实况广播

◎杀害刘胡兰烈士的凶手伏法

◎"大陆上的反革命残余即将基本肃清"

◎出现了历史上少有的安宁时期

1950年3月18日，中共中央发布《关于镇压反革命活动的指示》，要求"对于一切手持武器，聚众暴动，向我公共机关和干部进攻，抢劫仓库物资之匪徒，必须给以坚决的镇压和剿灭，不得稍有犹豫"。"对于这些反革命活动，各地必须给以严厉的及时的镇压，决不能过分宽容，让其猖獗"，并指出："在剿匪地区，对于土匪过去的犯罪行为，只要他们投降，改邪归正，一般是可以既往不咎的。但对于继续抵抗我军的土匪首领，有政治背景的土匪分子，窝藏与勾结土匪的豪绅地主，继续抵抗、不愿改邪归正的惯匪，应加以严厉处罚，处以长期徒刑或死刑。对于参加土匪部队的一般群众，则令其改过生产。"①

在这一阶段镇压反革命活动中，剿灭武装土匪成效显著。人民解放军与各级政府协同配合，采取镇压与宽大相结合的政策，工作进展十分顺利。如云南省玉溪县原有土匪9600余人，通过政治瓦解投诚者5283人。四川省发动政治攻势，自新投降的土匪有38万人，被毙、伤、俘者3.8万人。经过连续的大规模剿匪，清除了盘根错节、长期危害人民生命和财产安全的湘西、鄂西和广西的匪患，全国的社会秩序基本稳定下来。

出于扭转前段时间对反革命分子镇压不及时、不得力的局面的需要，1950年7月21日，政务院第四十二次政务会议通过《政务院、最高人民法院关于镇压反革命活动的指示》，强调镇压反革命是各级人民政府当前的重要任务之一，要"对一

---

① 《建国以来重要文献选编》第1册，中央文献出版社1992年版，第141~142页。

切反革命活动采取严厉的及时的镇压,而在实行镇压和处理一切反革命案件中,又必须贯彻实行镇压与宽大相结合的政策,即首恶者必办、胁从者不问、立功者受奖的政策,不可偏废,以期团结人民、孤立反革命分子而达到逐步肃清反革命分子的目的"①。此文件经毛泽东批准于 7 月 23 日发布。

根据这一指示,东北三省迅速逮捕了一大批匪特及其他反革命分子。其他省市也相继处决了一批罪行严重的反革命分子。

为了进一步纠正镇压反革命运动中许多地方落后于形势的"严重的右的偏向",中共中央于 10 月 10 日再次发出《关于镇压反革命活动的指示》(亦称"双十指示"),强调:必须严厉镇压一切反革命活动,严厉惩罚一切勾结帝国主义,背叛祖国,反对人民民主事业的国民党反革命战争罪犯和其他反革命首要分子,重点打击危害人民的土匪、特务、恶霸、反动党团骨干和反动会道门头子等五个方面的反革命分子。并重申要坚持镇压与宽大相结合的政策,"对于首要的、怙恶不悛的、在解放后特别是经过宽大处理后仍然继续作恶的反革命分子","当杀者,应即判处死刑。当监禁和改造者,应即逮捕监禁,加以改造";"对于罪恶较轻而又表示愿意悔改的一般特务分子和反动党团的下级党务人员,应即实行管制,加以考察";"对于真正的胁从分子、自动坦白的分子和在反对反革命的斗争中有所贡献的分子,应分别予以宽大的待遇,或给以适当的奖励"。② 为了防止在镇压反革命活动中发生"左"的偏向,又强

---

① 《建国以来重要文献选编》第 1 册,中央文献出版社 1992 年版,第 359 页。
② 《建国以来重要文献选编》第 1 册,中央文献出版社 1992 年版,第 421 页。

调必须坚决反对逼供信，禁止肉刑，重证据而不轻信口供。判处死刑须经省以上有关机关直至中央批准。

同年10月16日至23日，公安部召开第二次全国公安会议。会议认为，朝鲜战争爆发后，反革命分子向我们发动了各种谣言攻势，加紧破坏经济建设，特别是破坏军运，积极策划暗害活动，组织武装暴乱。原因是：第一，反革命分子确实很多。除有大批职业特务外，反动党团员、地主、会道门、流散军官、教会和大批旧公务人员中的落后分子等，是反革命的社会基础。第二，帝国主义的侵略战火给反革命分子很大鼓励，加紧活动。第三，最主要的原因是，在最近一个时期对反革命的活动镇压不够。对反革命"宽大无边"的右的偏向，在党和政府组织中严重存在。

会议决定，镇压反革命活动的工作布置是：（一）对于已被逮捕及尚未逮捕的反革命分子的处理仍按杀一批、关一批、管一批的原则办理，必须处决一批罪大恶极、解放后经过宽大处理仍然继续为恶的反革命分子。（二）对于帝国主义的特务间谍分子要关一批、赶一批。有证据者，即予以逮捕。有嫌疑者取得证据后予以逮捕。（三）彻底摧毁会道门，特别是一贯道反革命组织。（四）对付反革命谣言，必须实行"讲、驳、追"三个字的政策，即加强宣传，对谣言正面加以驳斥，以及追究谣言的来源。（五）清理积案与侦捕新案相结合，但必须以镇压现行犯为主。（六）公安部门内部不纯，在下层特别是新区甚为严重。侦查、保卫机构和各部门的负责岗位，必须掌握在政治上有保证的同志手里。（七）为使处理反革命案件手续简化，镇压及时，又不出乱子，拟与最高法院商定一个改进办法。

会议在讨论中提出：（一）少数民族众多地区，一般不实行中央这一指示。混在少数民族中的反革命，取得证据后也要惩办，但须谨慎，避免牵涉民族纠纷，方式上注意通过少数民族群众自己的自觉自愿。（二）对于过去镇压已经不少、反革命气焰已不很高的某些少数地区，领导上不应盲目地继续强调镇压，以严防发生盲目杀人或以为杀人愈多愈好的错误，已经发生乱打乱杀现象的个别地区，则必须坚决制止。会议提出应坚决准确地执行中央决定

为了督促镇反工作，1950年11月3日，周恩来签发了《政务院关于加强人民司法工作的指示》，强调"对反革命分子来说，首先是镇压，只有镇压才能使他们服罪，只有在他们服罪以后，才能谈到宽大"。

从12月开始在全国范围内大规模展开镇压反革命运动。毛泽东及时提出了镇压反革命分子，要稳、准、狠的方针，指出："所谓打得稳，就是要注意策略。打得准，就是不要杀错。打得狠，就是要坚决地杀掉一切应杀的反动分子。"①

1951年1月17日，毛泽东给各中央局、中央分局书记发出电报，批转第四十七军镇反运动的报告。毛泽东指出，第四十七军在湘西21个县中杀了匪首恶霸特务4600余人的处置是很必要的。"只有这样，才能使敌焰下降，民气大伸。如果我

---

① 《毛泽东文集》第6卷，人民出版社1999年版，第117页。

们优柔寡断、姑息养奸,则将遗祸人民,脱离群众","反革命镇压彻底,人民高兴,生产积极,匪患绝迹"。在这些重要文件指导下,镇反运动掀起声势。

1951年2月21日,中央人民政府发布《中华人民共和国惩治反革命条例》(以下简称《条例》),《条例》分别对以推翻人民民主政权、破坏人民民主事业为目的的反革命罪犯;勾结帝国主义背叛祖国;策动、勾引、收买公职人员、武装部队或民兵进行叛变;持械聚众叛乱的主谋者;进行间谍或资敌行为者;参加反革命特务组织或间谍组织者;利用封建会道门进行反革命活动者;以反革命为目的,策划或执行破坏、杀害行为者等反革命行为规定了量刑标准。对首要分子,解放后怙恶不悛、继续进行反革命活动的特务间谍分子,经过宽大处理还作恶的反革命分子采取从重处理的原则。

《惩治反革命条例》发布的第二天,《人民日报》连续发表社论大造声势:《为什么必须镇压反革命》《镇压反革命必须大张旗鼓》《再论镇压反革命必须大张旗鼓》。2月23日,司法部部长史良的文章《坚决正确镇压一切反革命活动》,3月15日,最高人民法院院长沈钧儒的文章《坚决镇压反革命 巩固人民民主专政》分别在《人民日报》刊出。与此同时,各民主党派负责人许德珩、高崇民、章乃器、楚图南以及全国总工会、全国妇联、青年团、学联等人民团体纷纷发表署名文章、声明、通告,阐述镇反的必要性和政策界限,动员各界群众共同行动起来,形成强大的舆论攻势。

为了达到大张旗鼓的效果,中共中央批转了北京市的经验。北京的做法是先召集区以上各级人民代表会议的代表和各大工厂、学校、民主党派、人民团体开会，一般为百余人的小会，报告反革命情况及各种罪行和犯罪证据，激起大家对反革命的仇恨。然后召开5000人的大会，由苦主登台控诉，争取5000个代表的拥护，会后即处决一批。中央认为大城市北京、天津、青岛、上海、南京、广州、武汉、重庆及省会，是反革命组织的重要巢穴，必须有准备地大规模地在同一时间内搜捕大批反革命分子，并要求各地向知识分子、工商界、宗教界、民主党派、民主人士广泛解释镇压反革命的完全必要。3月30日，毛泽东针对镇反宣传不够，引导广大人民群众及各界人士参加镇反工作，真正过问其事，做得太少的现象，要求各地必须大张旗鼓，利用报纸和广播电台、展览会，大力宣传，使家喻户晓。各地纷纷响应，召开各界代表会议、座谈会、控诉会、公审会、广播大会，利用电影、幻灯、戏曲、报纸、小册子和传单进行广泛的宣传。影响之深，规模之大，世所罕见。镇反运动成为人民群众和人民政府的共同行动。

资料表明，北京市共召开各种形式的群众大会近3万次，群众累计参加33万多人次。天津市共召开各种群众会议2.24万余次，累计220万人次参加。河北省8个专区的4个市，召开审判、控诉大会650多次，参加群众达400万人次。上海市于4月29日举行市区各界人民代表扩大会议，会审9名罪大恶极的反革命分子，到会1万多人，上海市的283万人，南京、无锡、杭州、扬州等城市的80万人，收听了实况广播。大会接到人民控诉和检举反革命分子的电话4664次、信件

5816件。广州市于4月25日召开全市控诉大会,到会5.5万人,收听广播的有73万余人。这一天,苦主的血泪控诉使广州城广大市民由悲愤和无比仇恨化作对敌斗争的强大力量。会后,人民法庭公审处决了198名罪大恶极的反革命分子。3天之内,群众向人民政府投寄拥护镇反和检举的信件达3万多封。山西临汾县金殿村在3月29日召开镇反大会,2万多男男女女,扶老携幼,从四面八方赶来。会场上40多个宣传员贴布告、发宣传品,用扩音筒揭露反革命罪行。无数的人要求控诉,整个会场一片诉苦声。当人民法院宣布判处罪犯死刑后,群众高呼:"坚决拥护人民政府!"会后,群众总结说:"人人高兴,工作顺当,坏人害怕,好人说话。"宁夏吴忠县召开公审匪首大会时,群众说"老百姓头上出了青天",有的高兴得整夜都没睡觉,一位83岁的老太太,挂着拐杖赶了20多里路来参加大会。苏北南通市3月18日宣布处决反革命犯名单时,会场鼓掌欢呼,万余人冒着风雨拥向刑场。河南省临颍县参加各种控诉会、公审会的群众人次是全县人口的2倍,有些人参加大会5次以上。1951年上半年,全国有80%以上群众参加了各种镇压反革命的集会。

广大群众发动起来纷纷向政府控诉、检举和协助逮捕反革命分子。东北地区到1951年8月共收到群众检举信16万件。河北省有400多名积极分子自备路费到远地调查和追捕逃跑的反革命分子。广西全省两个月捕获地下军特务匪徒1.6万余人。玉林县一个村,群众自动起来捉土匪,3天就捉了130名。苏南区全区一齐动手,仅用2～7天就逮捕恶霸(包括一些不法地主）1.5万多人。江西省在10天内全省各地同时行动，逮捕反革命分子2.5万人。河南省两个月内破获重大反革命案件396起。山东省济南、青岛等大中城市于4月1日夜里统一逮捕4053人。重庆市于3月13日一次逮捕4000余名反革命分子。成都市于3月27日实施全市紧急戒严，逮捕1200余名反革命分子。山西省文水县云周西村公审杀害刘胡兰烈士的凶手张全宝、侯雨寅，武汉法办当年参与制造"二七惨案"、杀害优秀共产党员林祥谦及大批铁路工人的凶手赵继贤，成都公审杀害李公朴、闻一多的凶手王子民，重庆公审杀害邓演达的凶手李熙元，等等。各地反革命分子陷入了人民战争的汪洋大海。湘西凤凰区成千上万人自动组织搜山，击毙了恶霸头子龙云飞。潜伏在武汉的原国民党少将胡振南自首时说："群众都起来了，不登记也会被检举，还是自己坦白登记好。"

到1951年上半年，全国迅速掀起了揭发、检举和公审反革命分子（包括历史反革命分子）的高潮。1951年春，北京市召集规模不等的检举会、控诉会2.9万多次，参加群众300多万人次。

当时处于抗美援朝战争的特殊环境，后方急需安定，根据《条例》第七条第三项规定，"解放前组织或领导反革命特务组织或间谍组织，及其他罪恶重大，解放后无立功赎罪表现者"，亦可列入惩处判刑直到判死刑或无期徒刑之列，有些地方把一些历史反革命分子作为严惩对象，量刑标准过重，甚至出现了错捕错杀的现象。针对这种情况，中共中央和中央人民政府及时采取措施加以纠正。

毛泽东在1951年5月8日代中共中央拟定《关于对犯有死罪的反革命分子应大部采取判处死刑缓期执行政策的决定》，强调"这个政策是一个慎重的政策，可以避免犯错误"。这种判处死刑，缓期执行，以观后效的政策，是新中国在司法上的一个创举，具有深远的意义。《决定》还要求对于应该执行死刑的极少数人，"一律要报请大行政区或大军区批准，有关统一战线的重要分子，须报请中央批准"①。为了总结经验，防止大的偏差，巩固已经取得的成果，公安部于1951年5月10日至15日在北京召开第三次全国公安会议，贯彻落实这两项重大措施，实行谨慎收缩方针，集中力量处理积案。惩处反革命分子的原则是："对于有血债或其他最严重的罪行非杀不足以平民愤者和最严重地损害国家利益者，必须坚决地判处死刑，并迅即执行。对于没有血债、民愤不大和虽然严重地损害国家利益但尚未达到最严重的程度而又罪该处死者，应当采取判处死刑，缓期二年执行，强迫劳动，以观后效的政策。"

这次会议，对于保证镇压反革命运动健康地向前发展起了决定性作用。毛泽东听取情况汇报，总结经验，亲自动手起草会议决议。毛泽东提出要"严格地审查捕人和杀人的名单，注意各个时期的斗争策略"，"坚决地反对草率从事的偏向"。刘少奇在会议讲话中强调："目前，要谨慎，要收缩一下，以保护成绩和避免错误。"彭真的讲话指出"思想上要防'左'，要将捕杀严格控制起来"，"如果'左'了人头落地……承认错误

---

① 《建国以来毛泽东文稿》第2册，中央文献出版社1988年版，第280~281页。

也无济于事，影响会很坏，会将很大一个胜利最后一不小心搞坏了"。第三次全国公安会议通过的决议规定将镇反运动加以收缩，在几个月之内，除了对进行现行破坏的反革命分子必须捕办以外，暂停捕人。关于反革命的数字，必须控制在一定比例以内。将捕人批准权由县一律收回到地委、专署一级，将杀人批准权由地委、专署一律收回到省、自治区一级。凡是介于可捕可不捕之间的人一定不要捕，如果捕了就是犯错误，凡是介于可杀可不杀之间的人一定不要杀，如果杀了就是犯错误。对于在共产党内，在人民政府系统内，在人民解放军系统内，在文化教育界、工商界、宗教界、民主党派和人民团体内清理出来的应判死刑的反革命分子，一般以处决十分之一二为原则，其余十分之八九均应采取判处死刑缓期执行强迫劳动以观后效的政策。5月16日，中共中央批准该决议，并通知"全党全军均必须坚决地完全地照此实行"。

第三次全国公安会议后，自6月1日至9月30日4个月内，"一律停止捕人，以便集中精力清理积案"，"捕人批准权一律收回到地委、专署一级，将杀人批准权一律收回到省一级"。[①] 全国集中力量进行清理积案工作。这实际上也是深入进行镇反和教育群众的过程。各地区普遍组织了"反革命案件审查委员会"，吸收各界民主人士参与工作。无锡市的案件审查委员会有民主人士21人参加，经过3天认真阅卷，将90起案件、104名罪犯审查完毕。川北行政区南部县通过清案发现中

---

① 《建国以来毛泽东文稿》第2册，中央文献出版社1988年版，第296～297页。

农刘仕华因闹宗派被诬为恶霸地主遭逮捕,及时作了纠正。绥远省萨县从清案中查出有31人是不应捕而捕了的。武汉市清理积案,广泛发动群众讨论,仅一个多月时间,全市经群众补充、查证修改或否定的材料即达2988件。兰州市的清案经过讨论,由市政府、市政协、市反革命案件审查委员会初审,报经省政府审核,最后对257名反革命案犯依法作出分别处理,其中判处死刑立即执行的30名,死刑缓期执行的14名,无期徒刑8名,有期徒刑90名,交群众管制9名,具保释放52名,转送犯罪所在地54名。8月27日,政务院、最高人民法院联合发出《关于清理反革命罪犯积案的指示》,要求积案尚多的地区各级人民政府集中更大的精力限期将积案处理完毕,进一步推动清理积案工作,保证运动健康、深入地发展。

经过7个月的发展,镇反运动取得很大成绩。随着群众镇反情绪的高涨,在一些地区和某些干部中滋长了多捕多杀的"左"倾情绪,加之有的领导控制不严和有的基层组织不纯,不同程度地出现了粗糙草率现象,捕了一些可捕可不捕的人,杀了极少数可杀可不杀的反革命分子。另一方面,已经处决了一批罪大恶极的反革命分子,需要加以收缩,逮捕的一大批反革命罪犯需要清理。同时,镇反运动在城市中也涉及"中层"(即军政机关内部)和"内层"(即共产党内部)的反革命分子问题。

至运动结束时,据有关方面对华东、中南、华北、东北四个大行政区的统计,被逮捕判刑的反革命分子中,土匪占40.24%,恶霸占33.41%,特务占13.84%,反动党团骨干占

6.84%，反动会道门头子占 5.67%。

10月23日，毛泽东在政协一届三次会议上作了《三大运动的伟大胜利》的开幕词，他指出"在过去一年中，在我们国家内展开了抗美援朝、土地改革和镇压反革命三个大规模的运动，取得了伟大的胜利。大陆上的反革命残余即将基本肃清"。

这以后，镇压反革命运动引向深入。为此采取了如下措施：

第一，清理基层领导班子。1951年5月21日，中共中央作出《关于清理"中层""内层"问题的指示》，开始清理"中层"和"内层"。清理的办法是在各级党政领导下，由首长负责，采取整风方式进行。重点是首脑机关和要害部门。通过学习镇反文件，号召有问题的人在自愿的基础上忠诚老实地说清隐瞒的问题。清理的范围是军事机关、财经机关、政法机关、文教机关。经过清理，查出一批反革命分子，也给一大批有一般历史问题的人卸掉了包袱，纯洁了组织，教育了干部。清理过程中也存在粗糙草率的现象，要求过急，方法简单，使一部分知识分子的感情受到伤害。

夏秋两季，各地集中力量，有计划有步骤地对党政军机关工作人员进行了清理。6月起，开始组织清查隐藏在党政军机关内部的反革命分子。9月，毛泽东在修改第四次公安会议决议草案时特别提出要通过清理、清查，整顿党的组织，加强领导力量，指出："一切由于基层党政机关内部不纯以致反革命镇压不彻底的地区，或是犯了大错误的地区（这种地区在全国说来是少数），在县区乡党政组织没有整顿好和领导力量没有加强以前，除现行犯外，必须一律继续停止捕人杀人，等待县区乡组织整顿好了（包括在县区乡组织中清出可能有的反革命分子在内）和领导力量加强了之后，再去进行镇压反革命的工作。"①

第二，将镇压反革命的重心转到水域和取缔反动会道门。1952年10月、11月，中央发出了关于船民、渔民工作的指示，对中南、华南、西南三个地区的水域进行船舶户口登记，建立群众治保会，同时发动广大船民、渔民检举反革命分子，查出了不少从陆地逃往水域的反革命分子。如上海市1952年12月至1953年10月，从水域捕获的反革命分子，陆地潜逃来的占67%；湖北省从1952年12月开始沿湖、沿江查出的反革命分子，大部分是从陆地潜逃来的。

新中国成立以后，反动会道门活动一直很严重。有的会道门甚至直接或间接控制了一些基层组织，其道首大多是兼有多重身份的反革命分子，其中绝大多数以封建迷信为外衣进行反革命活动。在这期间，全国的反动会道门均被取缔，一些罪大恶极的道首被镇压。

第三，认真处理积案。川北地区成立了"处理反革命案件审查委员会"，有各界人士700多名参加，纠正了错案，也查出了一些罪行严重的反革命分子。武汉市成立了以政协组织为基础的"清理积案委员会"，仅一个多月时间，经群众补充、查证、修改或否定的材料近3000件。1953年4月7日，中共中央又发出《关于处理错捕、错押、错判、错杀问题的指示》。

---

① 《建国以来毛泽东文稿》第2册，中央文献出版社1988年版，第439~440页。

根据这一指示，各地有组织地对以往案件进行了多次复查。至镇压反革命运动结束时，经过劳动改造刑满释放的人，依法判处管制后又解除管制的人，以及逮捕后宽大处理教育释放的人，占到应该打击总数的1/3以上。

至1953年秋，全国镇压反革命运动全部结束。通过镇压反革命运动，基本上清除了国民党反动派在大陆的残余势力，以及长期危害人民和社会安定的各种匪患与黑社会势力，巩固了人民民主专政，全国社会治安情况大为好转。这就为抗美援朝的胜利进行，为国民经济的恢复和大规模经济建设创造了有利条件。1950年全国刑事案件发生率占人口的0.09%，1951年下降为0.059%，1952年再下降为0.042%，1953年是0.05%。很多地区出现了历史上少有的"路不拾遗，夜不闭户"的安宁时期。

第七章
人民解放军的新考验

新元初始——1950年的中国

中国人民解放军是在战争烽火中诞生、成长和壮大的。新中国成立以后，客观环境改变了，它也要适应新的形势，接受新的考验。第一个考验是从战争转为和平，从小米加步枪向正规化的考验；第二个考验是进行境外战争的考验。

一、人民解放军的正规化起步了

◎1949年11月11日是空军成立日

◎空军组建第一支航空兵部队

◎1950年4月14日，海军领导机构成立

◎海军组建了岸防兵部队

◎1950年8月1日，炮兵司令部成立

◎1950年9月1日，装甲兵司令部和第一坦克学校同一天成立

◎陆军编制有所改变

◎进口和仿制武器，改善部队装备

1950年，除追歼国民党残余武装力量的战役战斗捷报频传以外，人民解放军的正规化建设也同时拉开序幕。其中最有标志性的就是人民革命军事委员会总部机关进一步完善，陆、海、空、防空、公安等五军种体制形成，炮兵、装甲兵等领导机构相继成立。

除陆军以外，成立最早的是空军领导机关。1949年11月11日，以原军委航空局、第十四兵团部为基础组建中国人民解放军空军领导机构。刘亚楼任司令员，萧华任政治委员。初建时设司令部、政治部、训练部、工程部、后勤部、干部部。1950年4月15日，毛泽东为《人民空军》创刊号题词："创造强大的人民空军，歼灭残敌，巩固国防。"

1950年8月至1951年2月，东北、华东、中南、西南、华北、西北等各大军区，也相继成立各自的空军领导机构。1952年3月，中央军委决定：各战略区的空军与各大军区为作战指挥关系，与军委空军为建制领导关系。

从1949年11月至1950年1月，空军以陆军调来的建制部队、优秀指战员和东北航校人员为骨干，开办了7所航空学校。1950年6月19日，在南京组建了空军第一支航空兵部队——第四混成旅，由华东军区空军司令员聂凤智兼任旅长，下辖四个航空团，10月19日零时起担负起保卫上海的防空任务。11月，改称空军第四师。1956年，改称空军第一师。

同年4月17日，军委电令各军区、野战区，抽调一批战斗英雄或模范班、排干部，组建空军陆战部队（即空降兵）。7月17日，军委颁布了"中国人民解放军空军陆战第一旅"的番号。9月16日，空军陆战第一旅成立大会在开封举行。该旅改称空军陆战第一师。1957年4月28日，番号定为中国人民解放军空降兵师。1961年6月，又发展为中国人民解放军空降兵第十五军。

中国人民解放军海军领导机构是1950年4月14日成立

的，但海军成立日是在一年前的 1949 年 4 月 23 日。这一天，人民解放军第一支海军部队——华东军区海军在江苏泰州白马庙（今属泰县）成立。此后，华南、华北也陆续组建了海军。为了统一指挥管理各地人民海军，中央军委于 1949 年十二月电令第十二兵团司令员兼政委萧劲光组建海军领导机构。海军由萧劲光任司令员，王宏坤任副司令员，刘道生任副政委兼政治部主任，罗舜初任参谋长。机关设司令部、政治部、后勤部。后增设干部管理部、卫生部、军法部等。1952 年 4 月，成立海军航空部。

1950 年 8 月，海军召开建军会议。鉴于美国出兵朝鲜，第七舰队游弋台湾海峡，严重威胁中国的安全，而解放军水面舰艇部队又难以很快发展起来，会议决定把组建岸防兵列为海军建设的重点之一。10 月，第一个海岸炮兵营在青岛组建，装备主要是从苏联购买的 130 毫米海岸炮。1963 年 2 月，组建了第一支岸舰导弹部队。到 70 年代，岸防兵的装备由海岸炮为主过渡到以岸舰导弹为主。

1950 年 8 月 1 日，中国人民解放军炮兵领导机构在北京正式成立。陈锡联任司令员，苏进任副司令员兼参谋长。机关设司令部、政治部、干部管理部、后方勤务部、军械部和马政局（因马拉炮车之故，需要对马匹管理和饲养）。20 世纪 50 年代末，炮兵机关增设炮兵技术部，负责筹建战略导弹部队，后合并到第二炮兵部队。

接下来组建的是中国人民解放军装甲兵领导机构。1950 年 9 月 1 日，装甲兵领导机构以第二兵团机关为基础成立，许光达任司令员，聂鹤亭任副司令员，向仲华任副政委，张文舟任参谋长。刚成立时，称"人民解放军摩托装甲兵司令部"，1951年7月16日，改称装甲兵司令部，机关设司令部、技术部、干部管理处，后增设政治部、后勤部。同一天，根据中央军委决定，以坦克第一旅第三团（教导团）为基础，组建中国人民解放军第一坦克学校，由装甲兵司令员许光达兼任校长。该校的主要任务是培养初级指挥员和技术修理干部。

朱德为该校题词：

努力学习，建立强大的人民坦克部队，反对美帝侵略，巩固国防。

与此同时，中央军委对陆军部队的编制进行了修订。10月12日，军委主席毛泽东签发命令，颁布《中华人民共和国国防军陆军部队暂行编制表》，规定：国防军以军为单位，实行三三制编制。撤销兵团一级机构，野战军一级分别与各军区指挥机构合并，撤销野战军一级番号。陆军军编有步兵师、教导大队、工兵营、通信连以及各种勤务保障分队。师编有步兵团、山炮营、工兵连、通信连以及保障分队。这些编制，除入朝参战部队因指挥作战需要，仍保留兵团机构外，在全军陆军中都得到执行。

武器装备随着正规化的起步也着手改善。新中国成立之时，人民解放军的武器装备品种繁杂，性能落后。为了逐步改变这一落后状况，从1949年11月开始装备从苏联进口的单管

37毫米和85毫米高射炮。1950年11月开始进口苏式坦克和自行火炮，逐步更新了原有的旧杂式坦克和装甲车辆。1950年从美、英、日等国购买超龄舰船48艘和一些舰船配件，第二年又从苏联购进36艘鱼雷快艇和一艘消磁船及其他急需装备。另外，从1949年到1950年，共从苏联进口各种型号飞机775架。

自己动手生产的武器，主要是1950年仿制了苏式冲锋枪（3.6万支）和枪弹（720万发），仿制美式反坦克火箭筒和无后坐力炮。①

二、抗美援朝的硝烟骤起

◎朝鲜战争的国际大背景

◎解放台湾的计划被迫搁浅

◎6月25日，一个下着小雨的星期日凌晨……

◎但硬是打到你头上，又怎么办？

◎胜负关键并不在于仁川登陆

◎彭德怀说："我服从中央的决定。"

◎聂荣臻回忆："彭德怀在会上的坚决态度，给我以深刻印象。"

◎毛泽东最终决断

◎1950年10月19日，永远值得记住的一天

---

① 数字来源：《当代中国的军事工作》，中国社会科学出版社1988年版《新中国军事大事纪要》，军事科学出版社1998年版。

◎彭德怀的汽车驶过鸭绿江大桥突然停了下来

◎第一次战役使敌人退到清川江以南

◎《谁是最可爱的人》原型英雄群体

◎志愿军第一位杰出代表——杨根思

◎第二次战役使敌人退到"三八线"以南

◎李奇微说：中国是文明的敌人

◎原子弹恫吓和轰炸中国本土的叫嚣

◎现代战争启示录

1950年新中国正有条不紊地全力以赴恢复经济，但出乎意料的是不得不被卷入一场战争，尽管是一场局部战争。

1950年5月18日，舟山群岛战役结束，很多人都认为会"一鼓作气"，攻下台湾。早在1950年1月5日，美国总统杜鲁门就发表讲话，宣布美国政府"既不拟对在台湾的中国军队提供军事援助和咨询意见，也不拟使用武装部队干预那里的局势"。个中意思很明白。12日，国务卿艾奇逊也发表了讲话。美国人认为台湾岛的命运已定，蒋介石已根本无力跟共产党对阵，需要警告全体美国人立刻离开台湾，并且要转移精密仪器等。美国估计6月中旬至7月间，中共将占领台湾。

最终完成包括台湾在内的中国统一，是中华民族的历史重任，也是共产党人义不容辞的责任。原来设想用一年左右时间准备。毛泽东访苏，其中就有请苏联提供军事装备的要求。苏联答应提供飞机、军事教员或代训飞行员，并将苏联提供的3亿美元贷款的一半用于购买进攻台湾的海军装备，但不会提供苏联海空军的直接援助。这倒也无妨,这本不是毛泽东的初衷,毛泽东不会把解放台湾这样重大的历史任务寄托在别人身上。只是10月进攻金门失利,推迟了这一计划。

就在这时,朝鲜内战爆发。两天后的6月27日,美国总统杜鲁门宣布美国将要出兵朝鲜。美国已命令其空军和海军支持南朝鲜军队。30日,又宣布授权使用地面部队,炮击北朝鲜的军事目标,全面封锁北朝鲜海面,并出动麦克阿瑟率领的美国地面部队。7月3日,美国陆军开进朝鲜参战。

6月27日下午,联合国安理会召开会议。趁苏联代表缺席、中国的合法席位被台湾国民党集团占据之机,美国操纵联合国安理会作出"决议",指责北朝鲜为侵略者,要求联合国各会员国对大韩民国提供援助以击退北朝鲜的武装进攻。7月7日,联合国安理会又通过了一个决议,要求提供军队的所有会员国向美国领导的统一司令部提供军队。所谓"联合国军",实际上是美国指挥的军队。美国纠集了英、法等15个国家的军队,组成"联合国军",另外还有5个国家提供了医疗队,加上南朝鲜的军队,统归美国远东司令麦克阿瑟指挥。

同样是在6月27日这天,杜鲁门宣布:"我已命令美国第七舰队阻止对台湾的任何进攻。同时,我也将向台湾的国民党政府呼吁,要求他们停止对中国大陆的一切海空攻击。第七舰队将对此予以监督。"美国把台湾和朝鲜这两个并不相干的地区联系起来,同时采取严重的军事步骤,借朝鲜战争之机,直接插手台湾问题,公然干涉中国内政,阻止中国人民完成祖国统一大业,致使台湾海峡两岸的中国人处于分裂状态。

6月28日，在中央人民政府委员会第八次会议上，毛泽东在讲话中说：

> 中国人民早已声明，全世界各国的事务应由各国人民自己来管，亚洲的事务应由亚洲人民自己来管，而不应由美国来管。美国对亚洲的侵略，只能引起亚洲人民广泛的和坚决的反抗。杜鲁门在今年1月5日还声明说美国不干涉台湾，现在他自己证明了那是假的，并且同时撕毁了美国关于不干涉中国内政的一切国际协议。

在美国宣布"阻止对台湾的任何进攻"后，6月29日，《人民日报》头版头条的大标题是"周外长发表声明"，周恩来说：

> 我现在代表中华人民共和国中央人民政府声明：杜鲁门27日的声明和美国海军的行动，乃是对于中国领土的武装侵略，对于联合国宪章的彻底破坏……我代表中华人民共和国中央人民政府宣布：不管美国帝国主义者采取任何阻挠行动，台湾属于中国的事实，永远不能改变；这不仅是历史的事实，且已为《开罗宣言》《波茨坦公告》及日本投降后的现状所肯定。我国全体人民，必将万众一心，为从美国侵略者手中解放台湾而奋斗到底。战胜了日本帝国主义和美国帝国主义走狗蒋介石的中国人民，必能胜利地驱逐美国侵略者，收复台湾和一切属于中国的领土。

7月13日，中央军委作出《关于保卫东北边防的决定》，着手组建东北边防军。这是中共中央未雨绸缪、深谋远虑的举措。它不仅巩固了东北边防，而且使中国在战略上处于主动地位，避免了临急应战。

朝鲜人民军开始时处于优势。开战仅4个小时之后，朝鲜人民军就占领了开城，打通了直接通往汉城的通路。南朝鲜没有组织起有效的抵抗。28日凌晨朝鲜人民军进入汉城。

战争开始后的第五天，麦克阿瑟从日本飞到朝鲜，然后立即电告华盛顿：南朝鲜已溃不成军，现守住汉江防线、收复失地的唯一办法是投入美国地面部队。杜鲁门同意对北朝鲜实施海空打击、封锁海面、出动地面部队。因此，战争双方已不再仅是南北朝鲜，而是北朝鲜面对美国这个头号军事强国。

美国飞机开始侵入中国东北安东市上空，并向民船射击，杀死船工。9月下旬，美国军队大举北犯，推进到"三八线"附近。美国飞机一再侵犯中国领空。毛泽东批示周恩来："东北及上海、山东沿海（渔民发现的）军继续发现美机或美舰侵袭，置之不理是不妥的，若每次抗议则不胜其烦，似宜每隔十天或半月汇集多案抗议一次。"

9月15日，朝鲜战局发生急剧变化，麦克阿瑟以海陆空约7万兵力、200艘舰艇、500架飞机在仁川登陆，28日，占领汉城，切断了位于朝鲜半岛南部洛东江边朝鲜人民军主力后退之路，使腹背受敌的朝鲜人民军被迫实行战略退却。

9月23日，毛泽东约梁漱溟谈话，了解他外出参观的情况。梁谈到对朝鲜战事迫近东北深感不安。毛泽东说："中美之间现在还没有打起来，但硬是打到你头上，又怎么办？只有还击，以牙还牙。"中美两国的较量，在一定意义上说，是不可避免的。

继韩国军队 10 月 1 日越过"三八线"，10 月 7 日美军也越过"三八线"，并迅速向中朝边境推进。19 日，美军占领平壤。北朝鲜的军事力量受到了惨重的损失。10 月 1 日，在中国国庆节时，金日成首相和朝鲜外相向毛泽东发来急电称："急盼中国人民解放军直接出动援助我军作战。"10 月 3 日，金日成再次电请中国政府出兵。

9 月 30 日，毛泽东决定由政务院总理周恩来在国庆讲话中向世界宣告：

> 中国人民热爱和平，但是为了保卫和平，从不也永不害怕反抗侵略战争。中国人民决不能容忍外国的侵略也不能听任帝国主义者对自己的邻人肆行侵略而置之不理……谁要是抹杀和破坏这 1/4 人类的利益而妄想独断地解决与中国有直接关系的任何东方问题，那么，谁就一定要碰得头破血流。

10 月 3 日晚，周恩来约见印度驻华大使，对他说："美国军队果真如此做（按指越过 38°线）的话，我们不能坐视不管，我们要管。"对这个重要"信息"，印度迅速地转达给美国。但美国政府低估了中国的警告，他们根本就不相信中国将会出兵。麦克阿瑟对中国的警告不屑一顾。

10月2日,毛泽东给斯大林发电报说:

(一)我们决定用志愿军名义派一部分军队至朝鲜境内和美国及其走狗李承晚的军队作战,援助朝鲜同志。我们认为这样做是必要的。因为如果让整个朝鲜被美国人占去了,朝鲜革命力量受到根本的失败,则美国侵略者将更为猖獗,于整个东方都是不利的。

(二)我们认为既然决定出动中国军队到朝鲜和美国人作战,第一,就要能解决问题,即要准备在朝鲜境内歼灭和驱逐美国及其他国家的侵略军;第二,既然中国军队在朝鲜境内和美国军队打起来(虽然我们用的是志愿军的名义),就要准备美国宣布和中国进入战争状态,就要准备美国至少可能使用其空军轰炸中国许多大城市及工业基地,使用其海军攻击沿海地带。

毛泽东提出:

这两个问题中,首先的问题是中国的军队能否在朝鲜境内歼灭美国军队,有效地解决朝鲜问题。只要我军能在朝鲜境内歼灭美国军队,主要的是歼灭其第八军(美国的一个有战斗力的老军),则第二个问题(美国和中国宣战)的严重性虽然依然存在,但是,那时的形势就变为于革命阵线和中国都是有利的。这就是说,朝鲜问题既以战胜美军的结果而在事实上结束了(在形式上可能还未结束,美国可能在一个相当长的时期内不承认朝鲜的胜利），那么，即使美国已和中国公开作战，这个战争也就可能规模不会很大，时间不会很长了。我们认为最不利的情况是中国军队在朝鲜境内不能大量歼灭美国军队，两军相持的僵局，而美国又已和中国公开进入战争状态，使中国现在已经开始的经济建设计划归于破坏，并引起民族资产阶级及其他一部分人民对我们不满（他们很怕战争）。①

这份电报过去曾作为毛泽东决策出兵的重要依据。但苏联档案公布后，没有发现有这份电报。证明电报当时没有发出去。根据情况分析，很可能是在10月2日下午在中南海菊香书屋召开的中央书记处会议上，多数人不赞成出兵，毛泽东只能把电报搁置下来。但电报详细地反映了毛泽东个人对出兵朝鲜的基本态度及各种考虑，具有很高的文献价值。

10月2日到5日，中共中央连续召开会议，认真讨论朝鲜半岛局势和中国出兵问题。与会者以对党和国家的高度责任感，坦陈己见。会议上，就中国是否出兵朝鲜的问题出现了不同的意见。

1950年10月4日下午，中央政治局扩大会议在中南海颐年堂举行。出席会议的有：毛泽东、朱德、刘少奇、周恩来、任弼时、林伯渠、董必武、彭真、陈云、张闻天、彭德怀、高岗，列席会议的有罗荣桓、林彪、邓小平、饶漱石、薄一波、

---

① 《建国以来毛泽东文稿》第1册，中央文献出版社1987年版，第539页。

聂荣臻、邓子恢、李富春、胡乔木、杨尚昆。彭德怀是下午从西安刚刚赶到的。他被临时通知来京,原来准备到北京向中央汇报西北地区三年恢复经济的计划的。毛泽东、周恩来命令接他来北京开会,而且"一刻也不能耽误,还要严格保密"。彭德怀从西郊机场直接到中南海颐年堂会场。这一天会上彭德怀没有发言,因为"他来京前脑子装的是如何建设开发大西北,这时只好侧耳静听"。① 散会后,他来到杨尚昆住处,了解会议情况。

第二天上午9时左右,邓小平受毛泽东委托从北京饭店接彭德怀同到中南海,毛泽东想听听他的意见。彭德怀来到毛泽东的办公室,两人进行了一次倾心交谈。毛泽东说:"老彭,昨天你没有来得及发言。我们确实存在严重困难,但是我们还有哪些有利条件呢?"彭德怀说:"主席,昨天晚上我反复考虑,赞成你出兵援朝的决策。"毛泽东又问:"你看,出兵援朝谁挂帅合适?"彭德怀问:"中央不是已决定派林彪同志去吗?"毛泽东谈了谈林彪的情况后说:"我们的意见,这担子,还得你来挑,你思想上没这个准备吧?"彭德怀沉默了片刻,说:"我服从中央的决定。"毛泽东略带感慨地说:"这我就放心了。现在美军分路向'三八线'北冒进,我们要尽快出兵,争取主动。今天下午政治局继续开会,请你摆摆你的看法。"

10月5日下午,中央政治局在颐年堂对是否出兵援朝问题再次进行讨论。发言中,仍有两种意见,彭德怀讲了自己的观

---

① 《彭德怀传》,当代中国出版社1993年版,第401页。

点，即：出兵援朝是必要的，打烂了，最多等于解放战争晚胜利几年，可是，如让美军摆在鸭绿江岸和台湾，它要发动侵略战争，随时都可以找到借口。如让美国占领了朝鲜半岛，将来的问题更复杂，所以迟打不如早打。①

几十年后，聂荣臻元帅回忆这一情节时写道：

> 彭德怀10月4日到北京，第二天参加了政治局会议。彭德怀同志历来勇敢果断，中央决定他去指挥志愿军，他表示坚决执行命令……彭德怀在会上的坚决态度，给我以深刻印象。②

应该说，彭德怀的表态，对最终下定决心出兵是起了至关重要的作用的。就在这次政治局会议结束后，毛泽东对彭德怀说，给你10天做准备，出兵时间初步预定于10月15日。

10月8日，中国人民革命军事委员会主席毛泽东发布命令：将东北边防军改为中国人民志愿军，迅速向朝鲜境内出动，协同朝鲜向侵略者作战，并争取光荣的胜利。同时任命彭德怀为中国人民志愿军司令员兼政治委员。

同一天，毛泽东将中国人民志愿军即将出国援朝的事项致电中国驻朝鲜大使倪志亮转告金日成，请他派人立即前往沈阳与彭德怀会晤。

还是同一天，周恩来受命前往苏联，同斯大林洽谈出动空

---

① 《彭德怀传》编写组：《彭德怀传》，当代中国出版社1993年版，第402～403页。
② 《聂荣臻回忆录》（下），解放军出版社1984年版，第736页。

军支援和提供武器装备。因为会议上各军干部最担心的是在出国作战时有无空军支援。这时以美国为首的"联合国军"和南朝鲜军拥有各种飞机1000多架（海军飞机尚未算在内），各种军舰300多艘。美国已完全夺取制空权，使中朝军队的作战和后勤供应受到极其严重的威胁。

周恩来在10日10日赶到莫斯科。第二天，由布尔加宁陪同坐专机飞到黑海海滨的克里米亚休养地，同斯大林会谈。周恩来向斯大林说明，只要苏联同意，出动空军给予空中掩护，中国就可以出兵援朝，斯大林表示将向中国军队提供武器和装备，又解释苏联不能出兵的理由，说是苏联虽设想过帮助朝鲜，但早已声明苏军从朝鲜全部撤出，所以不能出现在战场，更不能同美国直接对抗，否则就是国际问题了。他还表示：虽可提供苏联空军支援，但不能进入敌后，以免飞机被击落而造成国际影响。

周恩来后来讲到这次会谈，说：他逼近了鸭绿江，我们就下决心，去与斯大林讨论。两种意见：或者出兵，或者不出兵，这是斯大林说的。我们问：能否帮空军？他动摇了，说中国既困难，不出兵也可，说北朝鲜丢掉，我们还是社会主义，中国还在。谈了一天，晚上就要决定，马上电问毛主席。[①]

当时，麦克阿瑟再次向朝鲜人民军发出最后通牒，要求人民军立即放下武器，停止作战。10月10日下午4时，印度驻华大使潘尼迦转交了英国外交大臣贝文致中国外交部部长周恩

---

① 金冲及主编：《周恩来传》，中央文献出版社1998年版，第1019页。

来的电报,称:"如果北朝鲜不愿放下武器,那么'联合国军'统帅将无他途可循。"当日深夜,金日成紧急召见中国驻朝鲜大使馆临时代办柴成文,表示:"我们决不会放下武器,决不会投降,我们要抵抗到底。"

彭德怀面对危局心急如焚,为使志愿军在地面兵力占绝对优势,他和十三兵团司令员邓华、副司令员洪学智研究后决定,将四个军、三个炮兵师全部集结江南待机歼敌,而不是原先拟定先出动两个军、两个炮兵师。11日,彭德怀即率临时指挥所人员抵安东。第二天,前往鸭绿江北岸察看地形,听取渡江准备情况的汇报。

晚上,彭德怀突然接到聂荣臻电话,说情况有了变化,苏联方面表示空军未准备好,暂无法支援中国人民志愿军入朝作战,要彭德怀火速回京开会。紧接着,毛泽东来电指示十三兵团各部就地进行训练,不要出动,要彭德怀翌日回京。

彭德怀12日深夜乘火车由安东赶回沈阳,13日中午由沈阳回到北京。下午,参加毛泽东在颐年堂主持的中央政治局紧急会议,对出兵和不出兵的利害关系再次展开讨论。会议最后决定,即使没有苏联空军的支援,在美军大举北进的情况下,不论有多大困难,必须立即出兵援朝,迎击向北冒犯之敌。①

聂荣臻在回忆录中这样描述当时的情形:对于打不打的问题,毛泽东同志也是左思右想,想了很久。毛泽东同志对这件事确实是思之再三,煞费心血的,最后才下了决心。②

---

① 《彭德怀传》编写组:《彭德怀传》,当代中国出版社1993年版,第405～406页。
② 《聂荣臻回忆录》(下),解放军出版社1984年版,第935页。

会后，毛泽东立即给在苏联的周恩来发电：

（一）与政治局同志商量结果，一致认为我军还是出动到朝鲜有利。在第一时期可以专打伪军，我军对付伪军是有把握的，可以在元山、平壤线以北大块山区打开朝鲜的根据地，可以振奋朝鲜人民。第一时期，只要能歼灭几个伪军的师团，朝鲜局势即可起一个对我们有利的变化。

（二）我们采取上述积极政策，对中国，对朝鲜，对东方，对世界都极有利；而我们不出兵，让敌人压至鸭绿江边，国内国际反动气焰增高，则对各方都不利，首先是对东北更不利，整个东北边防军将被吸住，南满电力将被控制。

总之，我们认为应当参战，必须参战，参战利益极大，不参战损害极大。

周恩来接到毛泽东的来电后，于次日致电斯大林，继续要求苏联出动空军，并提出需要购买飞机、坦克、炮类、海军器材、汽车、重要工兵器材等。他在苏联逗留的这几天就是同莫洛托夫等继续具体磋商。最后，苏联方面同意中国出兵时提供军事装备，并允派空军到中国帮助防空和训练，但不越出中国国境。

10月16日上午，彭德怀又赶到安东，立即召集志愿军师以上干部大会，宣布中央的决定。他还根据朝鲜北部山高林密、地形狭窄、东西临海的特点，提出："过去我们在国内战争中所采取的大踏步前进和大踏步后退的运动作战方式,在今天的朝鲜战场上不一定适用。志愿军在战术上要采取阵地战与运动战相结合的形式,如敌人来攻,我们要把敌人顶住;一旦发现敌人的弱点,即迅速出击,插入敌后,坚决包围歼灭之。"

17日,彭德怀马不停蹄地赶回沈阳,与东北局、东北军区领导人研究志愿军出国作战准备问题,又接毛泽东急电,要他18日火速回京,并告:"对出兵时间,以待周(恩来)18日回京向中央报告确实为宜。"

18日清晨,彭德怀再次乘专机返回北京,在当天召开的中央全会上,周恩来和彭德怀各自汇报了情况。毛泽东最终决断说:"现在敌人已围攻平壤,再过几天敌人就进到鸭绿江了。我们不论有天大的困难,志愿军渡江援朝不能再等,时间也不能再推迟,仍按原计划渡江。"①

1950年10月19日,永远值得记住的一天。

这天刚刚拂晓,从北京饭店就开出几辆小车,驶过寂静的长安街,直奔西郊机场。车上坐的是彭德怀等人。昨夜,他们同毛泽东、周恩来反复研究入朝作战方案,几乎彻夜未眠。此时,他们在车内都睡着了。

上午9时左右,专机降落在沈阳机场。彭德怀立即驱车到东北军区司令部,同东北军区司令员兼政治委员高岗以及早已在此等候的李富春、贺晋年、李聚奎等人开会。彭德怀未及落座就说:"从今天起我军就开始进入战争状态。这次志愿军入

---

① 《彭德怀传》编写组:《彭德怀传》,当代中国出版社1993年版,第406页。

朝作战,可比辽沈战役的规模大得多,任务要艰巨得多。过去我们在国内作战,物资弹药主要靠敌人'供应',现在是靠我们自己。东北地区是志愿军的后方基地,你们要紧急动员,全力以赴。"

当天下午,彭德怀和高岗乘专机由4架战斗机护航飞到安东,各路渡江部队正整装待发。

傍晚,安东冷风夹杂着细雨。彭德怀在江畔与前来送行的高岗等握手告别。随着彭德怀一声"开车",汽车驶上鸭绿江大桥。北风大作,风雨交加。彭德怀离开祖国时,仍穿着那身从西安穿来的旧粗呢黄军装。在吉普车后面,只有一辆装电台的卡车紧紧跟随。

这一年,彭德怀52岁。半百之人,临危受命,以简陋的装备去和世界上公认的军事强国较量。

笔者1995年采访原总参通信部长崔仑,他讲过一个细节,令我难忘。他就在彭老总吉普车后边装电台的卡车上。过江之后,天漆黑一片,又不敢开灯。彭老总赶往前线心切,吉普车开得飞快,卡车跟不上,以致彭老总一度失去联络。什么是民族英杰?这就是。将个人生死完全置之度外。

当天夜晚,中国人民志愿军四个军三个炮兵师共25万余人从三个方向跨过鸭绿江,进入朝鲜境内。为了保证战役发起的突然性,彭德怀规定各部队控制电台,封锁消息,严密伪装,夜行昼伏,隐蔽地向指定作战区开进。看现在经常播的文献纪录片,都是在大白天部队排着整齐的队列过鸭绿江,傍边还有军乐队在奏乐。其实最初的志愿军都是趁着夜色秘密过江。

这时的麦克阿瑟根本没把中国放在眼里，他判断"中国出兵的可能性极为微小"，命令其空军掩护地面机械化部队分东、西两路以最快速度北进。

10月25日，志愿军与南朝鲜军在两水洞地区遭遇，志愿军用了不到两个小时，将大摇大摆前进的几百敌人全部歼灭，打响了震惊世界的中国人民抗美援朝战争的第一仗。这一天，后来被定为中国人民志愿军抗美援朝、保家卫国战争纪念日。

"联合国军"虽然已发现志愿军入朝参战，但仍按其在感恩节前占领全朝鲜的计划，继续向朝中边境推进。这时志愿军在西线的部队已经全部到齐，居于优势兵力。鉴于"联合国军"未改变其兵力分散的状态，志愿军领导决定采取向敌后实施迂回结合正面突击的战法，集中兵力，各个歼灭。11月1日，志愿军突袭云山，重创美骑兵第一师，迫敌退到清川以南。志愿军东线部队，为保证西线反击作战的胜利，进行了顽强的阻击战。志愿军取得了第一次战役的胜利。

第一次战役，国际史学界也有称为"清川江战役"或"鸭绿江战役"。志愿军共歼敌1.5万人，自己也付出了伤亡1万人的代价。经过这次战役，粉碎了"联合国军"企图在感恩节前占领全朝鲜的计划，志愿军初步稳定了战局，站稳了脚跟，也取得了同美军作战的初步经验。

在麦克阿瑟被撤职后接任"联合国军"司令的李奇微将军在他写的《朝鲜战争》回忆录中回忆起最初的志愿军入朝后进行的第一次战役：

迅猛而突然的打击接踵而至，以至于很多部队还没有弄清究竟发生了什么事情就被打垮了。中国人首先攻击了南朝鲜第六步兵师……中国人将该师消灭得如此彻底……

下午5时许，中国人在迫击炮火力和由卡车上发射的苏制"喀秋莎"火箭炮（这次战争中威力很大的新式武器）火力的掩护下，开始对防守云山北部的第八骑兵团发动试探性进攻，并在黄昏以后集结了力量，而后逐步由东向西展开。许多美国人第一次听到中国军号的啸鸣，这种铜号看上去就像足球赛巡边员用来表示犯规的喇叭，其粗野的音调夹杂着发狂的吹哨声，似乎在通知新的战斗阶段的开始。这至少有助于使许多自认为中国大规模介入是十足的无稽之谈的人清醒过来。

战斗持续了一整夜，不时发生近战，其激烈程度是已往战争中所没有的……直到接到撤退的命令，美军才发现退路已被切断。一支很强的中国部队在那天中午以前就封锁了主要道路。他们牢牢地控制着阵地……11月2日凌晨，从云山撤退的部队在主要道路上遭到伏击。结果，那里很快就塞满了毁坏的车辆，坦克乘员和步兵在慌乱中四散奔逃……

中国人对云山西南面第八骑兵团第三营的进攻，也许达到了最令人震惊的突然性……最先过桥的中国人立即插进司令部所在地，他们射击、拼刺刀、摔手榴弹，并向停放着的车辆扔炸药包将其烧毁。我方许多人被军号的吵嚷声（这是一种中国式的精神战，这种精神战我们后来既熟悉又头疼）或敌人几乎近在耳边的射击声所惊醒……

这里说的"骑兵团",并不是真的骑兵团,它隶属于美骑兵第一师。美骑兵第一师是一支高度现代化的部队。这个师自华盛顿时代起确实是一支骑兵部队,在历次战争中屡建奇功,在美军中享有"王牌军"称号,因而后来武器装备尽管改进了,其骑兵第一师的番号始终不变。中国人民志愿军的勇猛战斗,显然给了这位身经百战的美国将军留下了深刻的印象。同时,对于中国志愿军"优待俘虏"的战争文明,他亦感触颇深。他继续写道:

> 中国人释放俘虏的做法与北朝鲜人对待俘虏的做法截然不同。有一次,中国人甚至将重伤员用担架放在公路上。尔后撤走,在我方医护人员乘卡车到那里接运伤员时,他们没有向我们射击。
>
> 我们后来体会到,中国人是坚强而凶狠的斗士,他们常常不顾伤亡地发起攻击。但是,我们发现,较之朝鲜人他们是更加文明的敌人。有很多次,他们同俘虏分享仅有的一点食物,对俘虏采取友善的态度。这样做,很可能是想让俘虏深深感到,生活在共产主义制度下要比资本主义制度下好得多。

最后一句带有"意识形态"色彩的话,纯属猜测性质。不过,优待俘虏,确是中国人民解放军的优良传统。

第一次战役后,美国当局为了弄清中国人民志愿军参战的目的和寻求相应的对策,接连几天进行磋商。尽管英、法等国不想扩大朝鲜战争的规模,但美国还是批准麦克阿瑟可以在军事方面相机行事。麦克阿瑟便按其发动一次"最后的攻势"的计划安排了,即以美第十军西进,第八集团军北上,两军在江界以南衔接后,围歼中朝军队,尔后再向朝中边界推进,赶到鸭绿江冰封之前抢占全朝鲜。配合这一计划,"联合国军"增调了新的军队,使其前线的地面部队达到5个军13师又3个旅1个空降团,共22万余人,比第一次战役时增加了9万人,且主要是美军。空军也增加了2个新式喷气战斗机团,各型飞机增加到1200架。

麦克阿瑟对他的计划非常乐观,他亲临战场督战,向部下宣称战争"在两个星期内会结束",有些部队可以"回家过圣诞节"。因此,这次总攻势被称作"圣诞节结束朝鲜战争的总攻势"。

在战役初期,志愿军故意示弱,麻痹敌人,使敌人错误地判断为"中国人只是出动小部队进行干涉,当他们遭受惨重打击后,也许已放弃了继续作战的企图",于是加快进攻速度。敌人被诱向预定战场。从11月24日上午8时起,"联合国军"和南朝鲜军发起全线总攻击。志愿军在西线举行反击,歼灭南朝鲜第七、第八师大部,并给美第二师以歼灭性打击,重创美第二十五师和美骑兵第一师。共击毙伤俘敌2.3万人,缴获与击毁各种火炮500余门、坦克100余辆、汽车2000余辆。

由于第三十八军在这次战役中,先以勇猛迅速的迂回动作结合正面突击，围歼敌人，协同友邻打开了战役缺口，切断了敌人南逃的退路，对第二次战役西线大量歼敌的胜利，起了关键作用。彭德怀于12月1日特发电报通令嘉奖，称"中国人民志愿军万岁！第三十八军万岁！""万岁军"称号由此闻名。

第三十八军一一二师三三五团第一营第三连，在连长戴玉义的指挥下，在抢占仁川站西北松骨峰东侧高地战斗中，接连打退美第二师配有坦克、飞机和炮兵掩护的五次集团冲击后，连长、指导员、副连长全部牺牲，最后阵地上只剩下副指导员和6名负伤的战士，但仍顽强地守着阵地，直到主力部队将截住的敌人全部歼灭。打扫战场时，在几百具美军尸体中发现，不少与敌人同归于尽的志愿军战士，他们有的紧紧抓住敌人的机枪，有的手里握着手榴弹，上面沾着敌人的脑浆；有的身体压着敌人，牙齿和指甲嵌在敌人的皮肉里，其情其景极为壮烈。随该军战地采访的作家魏巍主要根据第三连的事迹写成了通讯《谁是最可爱的人》，于1951年4月11日刊登在《人民日报》上。这篇激动人心的通讯，很快传遍大江南北，长城内外，至今仍作为语文教材供学生学习。从此以后，"最可爱的人"就成为祖国人民对志愿军的亲切称呼。

在东线，志愿军第九兵团抓住敌人兵力分散和尚未发现我方集结的有利时机，于11月27日黄昏向美第十军及南朝鲜第一军团发起反击。当时战场上普降大雪，最低气温为零下30℃左右，给原来长期活动在华东地区的第九兵团带来很大困难。29日，美陆战第十一师为了打开通路，连续猛攻。就在这一天的战斗中，涌现出志愿军革命英雄主义的杰出代表——杨根思。

杨根思是第二十军五十八师一七二团三连连长。他带领第三排守卫在一个小高岭上,这里是下碣隅里被围敌人逃跑的必经之路。29日上午,敌人先在飞机、大炮掩护下数次抢夺小高岭,被击退后又以重型轰炸机和远程火炮向三排阵地上倾泻了大量的炸弹、炮弹、燃烧弹。阵地上硝烟弥漫,烈火熊熊。杨根思在弹药告罄的情况下,带领战士们用刺刀、枪托、铁锹、石块与敌人拼杀,最后全排仅剩两名伤员坚守阵地。敌人发起第9次攻击,有40多个敌人爬上山顶,在支援分队尚未赶到的危急时刻,已负伤的杨根思抱起仅有的一个5公斤炸药包,拉燃导火索,纵身向敌群冲去,炸死爬上来的敌人,自己壮烈牺牲。杨根思的行为,不愧为英雄的行为,真正是惊天地、泣鬼神。志愿军领导机关为他追记特等功,追授特级战斗英雄称号,将他生前所在的连队命名为"杨根思连"。朝鲜最高人民会议常任委员会授予杨根思"朝鲜民主主义人民共和国英雄"称号和一级国旗勋章、金星奖章。朝鲜政府还在杨根思牺牲的地方建立了"杨根思英雄纪念碑"。

志愿军第九兵团在东线战场取得了给美陆战第十一师、美第七师以歼灭性打击,共毙伤俘敌1.3万余人,迫使东线敌军由进攻转入败退。

"联合国军"在东西两线都受到沉重打击,麦克阿瑟的骄狂之气大减,遂命令西线部队立即撤出平壤,东线部队迅速撤到咸兴,然后向"三八线"实施总退却。毛泽东得知敌人实施退却后,于12月4日指示志愿军向"三八线"攻进。5日晚,西线志愿军开始进击。12日,志愿军六个军向"三八线"挺进。23日，逼近"三八线"。这一天，美第八集团军司令沃克在败退途中身亡。东线志愿军不顾连日作战疲劳和冻饿的状况，会同朝鲜人民军追歼逃敌。24日，收复兴南港及沿海其他港口。至此，除襄阳一地外，"联合国军"和南朝鲜军全部被赶到"三八线"以南，第二次战役胜利结束。

这次战役，也被有些国外史学家称为平壤、兴南战役。在从11月6日至12月24日的49天中，共毙伤俘敌3.6万人（其中美军2.4万人），收复了朝鲜民主主义人民共和国"三八线"以北（襄阳除外）的全部领土，解放"三八线"以南的延安半岛和瓮津半岛。志愿军为此战役的胜利付出了3.07万人的代价。这次战役的胜利，大大超出志愿军预定计划，粉碎美国侵略者占领全朝鲜的战略企图，扭转了朝鲜战局。

"联合国军"在第二次战役失败后，在美国舆论界和美国统治集团内引起一片混乱。他们把这次失败比作"噩梦""悲剧"，惊呼这是"美国陆军史上最大的败绩"。美国统治集团内部在失败的责任上互相攻讦，麦克阿瑟和杜鲁门也互相埋怨。随后，美国在政治上、军事上采取了一系列措施，打出"先停火，再谈判"的幌子，企图争取时间，加紧整军，准备再战，卷土重来。杜鲁门甚至发出使用原子弹的威胁。

为了不给敌人以喘息的时间，志愿军和朝鲜人民军决定发起第三次战役，时间定在1950年除夕——12月31日17时，那已是1951年的事情了。

本来，按美国政府的授权，麦克阿瑟将军的使命是恢复朝鲜境内秩序，进行自由选举，而且不要把美国和联合国卷入与中国的战争中。10月份英国人也提出,"联合国军"要在中国边境前边建立一条"缓冲地带",麦克阿瑟认为英国的建议是"坐以待毙"。他以13万人的地面部队和绝对优势的火力,与我志愿军30万部队进行了我们所说的"第一次战役"。表面上支持麦克阿瑟的杜鲁门11月16日曾含含糊糊地说到他对中国没有恶意,而且"从来都没有把战争扩大到中国的企图"。但22日艾奇逊却又断然否认了关于"缓冲地带"和保障向中国供电的鸭绿江大坝的安全。此后,没过几天,11月30日杜鲁门又发出"原子恫吓",威胁要使用原子弹。但没过几天,在12月8日,杜鲁门与英国艾德礼首相会谈后发表联合公报,又说要争取用和平方式解决朝鲜问题。又过几天,12月16日他宣布美国处于紧急状态,并进行全面的军事动员。这说明美国正左右为难,进退维谷,而英国甚至威胁要摆脱美国,而且是英国上院的右翼提出了对麦克阿瑟的批评。英国显然不愿意和中国发生冲突。英国在11月下旬在联合国否决了蒋介石指控苏联和中共的一项议案,致使杜勒斯大为恼火。不管怎么说,正是杜鲁门、艾奇逊、麦克阿瑟等共同推动朝鲜战争走向一个个新的高潮。

麦克阿瑟在1950年12月30日给美国参谋长联席会议的电报中恶狠狠地提出:

如果由我国政府或通过我国政府由联合国作出一项政策,决定承认中国当局强加于我们的战争状态并就我们力所能及的范围内采取报复性措施,那么我们就可以:(一)

封锁中国海岸；（二）动用海军炮火或空军轰炸去摧毁中国进行战争的工业生产能力；（三）从福摩萨（按：美国对台湾的叫法）国民党守备部队取得增援以加强我军在朝鲜的阵势，假如我们决心要为这个半岛继续战斗的话；（四）撤销加于福摩萨守备部队的现有限制，尽可能引导它去反攻中国大陆上兵力空虚的地区作为牵制性行动。

他力图说服美国政府：中国已经充分地、毫不含糊地投入了战争，因此就中国方面而论，美国采取什么行动也不会使形势进一步恶化。他认为苏联不会干预。

由于中国人民所表现出来的不惧强权的斗争精神和志愿军在战场上大无畏的牺牲精神，战争的范围最终被局限在朝鲜境内。我国有限的工业设施没有遭到轰炸，大大有利于当时的经济恢复。

战争开始时，志愿军的物资供应曾十分困难。当时，对于战争的后勤工作，国家给予了高度的重视。周恩来几乎过问全部后勤工作，并发出明确指示。他事必躬亲，亲自到东北，亲拟实施方案，甚至亲自动手试炒面粉。炒面是为紧急解决部队的干粮问题。周恩来提出出国作战要立足于国内的方针。

在极其困难和牺牲很大的情况下，主要军事物资仍能源源不断地运往前线，使得敌人都感到惊讶。此次战争远非国内战争所可比拟，仅靠缴获和就地取材根本不能解决问题，因此，大规模运输便成了战争的生命线。

铁路是抗美援朝战争期间的运输骨干，也是美机炮火攻击的重要目标。朝鲜北部 1000 余公里铁路承受了世界范围空前密集的轰炸，中国成立不久的铁道兵也经受了严峻的考验，立下了巨大功勋。公路上也是炮火连天，汽车在白天几乎无法行驶。战争初期驾驶员牺牲的比率比作战部队还高，汽车损失率高达 40％。因此，铁路成为战争最重要的生命线，到 1951 年秋，朝鲜战场所需铁路车辆占全国铁路车辆的 20％。起初，防空力量薄弱，铁路因被敌机轰炸破坏得很严重。后来高炮部队以铁路为保卫重点，还组织了用步兵武器对空射击，使敌机不敢低飞，投弹命中率下降了很多。铁道兵则拼命抢修抢运，北朝鲜的铁路被称为"炸不断的桥梁"。虽然后来敌机投弹量成几十倍增长，而我铁路运输量也成几倍增长。人们还创造了许多在战斗中运输的宝贵经验和抢修抢运的若干技术措施。战争震撼着人们，战争锻炼着人们，朝鲜战争中的"钢铁运输线"的故事，使人们深深懂得了经济在现代战争中的意义。

以中国当时的国家财政经济状况，要支持这样一场现代化的严酷战争，是一个很大的负担，也是一次严峻的考验。我国 1951 年的国防费用开支高达 52.6 亿元，比起 1950 年猛增了 24.6 亿元。中国共产党领导的任何一次战争，迄今未有如抗美援朝战争对于财政的依赖程度那样高。如果没有国家财政的倾力支持，打这样一场现代化战争是不可想象的。

抗美援朝战争以中朝军队和人民取得胜利而告结束。在这场战争中，志愿军毙、伤、俘"联合国军"71 万余人。美军消耗各种作战物资 7300 余万吨，战争经费达 400 亿美元。志愿军自身作战减员 36.6 万余人（另，非作战死亡 2.5 万余人），消耗各种作战物资560万吨，战争经费62.5亿元人民币。

全国人民在抗美援朝期间，尽了最大努力，在各行各业中以努力生产工作、厉行节约的实际行动来支援战争，还开展了捐献飞机大炮活动。截至1952年5月，全国人民已捐献了相当于3710架战斗机价值的捐款。中国人民志愿军在全国人民的支持下越战越勇，国内部队作为志愿军的后备力量轮番入朝作战，中国空军也开始作为志愿军不断出战。

第八章
教育改革·移风易俗
新元初始——1950年的中国

一、人民教育与教育人民

◎"向工农开门"的教育思想

◎创办工农速成中学

◎祁建华的"速成识字法"

◎大学课程改革

◎中国人民大学成立

◎知名人士任大学校长

◎新中国选派留学生始于1950年

◎全国学习社会发展史

◎《实践论》《矛盾论》重新发表

◎组织五类人士中有代表性的人物学习马克思主义

1950年的中国教育十分有特色，那就是人民政府把受教育的权利真正交给了广大人民群众，尤其是普通劳动者，让劳苦大众上得起学，念得起书。在发展新民主主义教育时，把工农教育放在突出的重要位置上，提出了"向工农开门"的教育思想，集中体现了新中国人民教育的本质。

1950年2月20日，教育部副部长钱俊瑞在全国学联扩大执委会上的报告中明确指出：各级教育要向工农劳动人民开门，着重推行劳动者的业余补习教育，准备普及成人识字教育，培养工农出身的新型知识分子。

5月1日，钱俊瑞发表文章又说：为工农服务，为生产建设服务，这就是当前实行新民主主义教育的中心方针。离开了这个方针，我们就会出偏差，就会犯错误。

"向工农开门"办教育的一个重要途径是创办速成中学。4月3日，由中央教育部与北京市文教局联合创办的全国第一所工农速成中学——北京实验工农速成中学正式开学，揭开了创办工农速成中学的序幕。此后，中央教育部和各大行政区教育部纷纷兴办工农速成中学，省、市、县人民政府分别兴办工农干部文化补习学校。到1954年，全国共建成工农速成中学87所，招收学生6.47万余人。据对1953年在校的2.8万名学生统计，工农干部占56.3%，产业工人占25.5%，军人占18.2%。其中劳动模范339人，战斗英雄56人，先进工作者784人，体现了"向工农开门"的教育方针和培养优秀工农干部为新中国建设人才的办学宗旨。

工农速成中学不仅是普及，而且还要提高。1951年11月，中央教育部根据北京大学、清华大学附设工农速成中学的经验，发出《关于工农速成中学附设于高等学校的决定》，提出为给工农速成中学毕业学生创造条件，学生毕业后一般即可直接升入本高等学校深造。

据对第一届工农速成中学毕业生的统计，在1680名毕业生中，有1622人升入高等学校，升学率高达96.55%。

在创办工农速成中学的同时，为了便利工农群众及其子女入学，各级人民政府除在工业城市、工矿区和农村中增办学校外，还在中等以上学校设置人民助学金，解决工农及其子女入学方面的困难。1952年，中央教育部作出规定，中等学校工农子女入学比例，老解放区争取达到60％～70％，新区争取达到30％～50％。1953年，教育部在高等学校招生工作中又规定，工农速成中学毕业生中的产业工人、革命干部等，考试成绩达到所报考系科的录取标准时，优先录取。由于采取了这些措施，1954年全国小学生中工农成分的学生占学生总数的82％。在普通中学中，工农成分的学生超过总数的60％。1953年高等学校新生中工农家庭出身和本人是工农成分的占新生总数的27.39％。

"向工农开门"的教育建设的另一个方面，就是开展广泛的工农业余教育。职工业余教育的内容以识字教育为重点，争取三五年内做到使职工中现有的文盲一般能识1000字上下，并具有阅读通俗书报的能力。据山东省1951年统计资料显示，当时全省有职工业余学校675所，参加学习的工人7.5万余人，占当时职工总数的16％。1954年全国职工业余中、小学在校学生人数达290多万。在农村，主要是学习老解放区的经验，开展冬学运动，即利用冬季农闲之际，组织农民识字，学习政府文件，讨论发展生产的办法等。

正当工农业余教育方兴未艾时，解放军西南军区某部文化教员祁建华创造了一种"速成识字法"。这种识字法大体分为三步：第一步，先学会注音符号和拼音，用注音符号和拼音作为辅助的工具；第二步，大量突击生字，做到会读、初步会讲；第三步，学习课文，学会阅读、写字、说话。据介绍，1951年西南军区在12675名干部战士中试行祁建华"速成识字法"，一般只要15天时间就能识字1500个以上，能读部队小学课本三册，能写200字至250字的短稿。

这种识字法使工农业余教育在短期内获得大范围的快速发展，满足了普及扫盲和短时见效的要求，成为工农业余教育中摸索出来的一条经验。

旧中国的教育是半殖民地半封建的教育。新中国要走向繁荣富强，就必须从根本上改变中国经济文化落后的状况，对旧教育体制进行改造，使之适应人民民主国家建设的需要。这是新民主主义文化教育建设极其重要的一环。

《共同纲领》提出：人民政府应有计划有步骤地改革旧的教育制度、教育内容和教学法。据此，中央教育部于1949年12月召开第一次全国教育工作会议，研究确定新的教育工作总方针是：提高人民文化水平，培养国家建设人才，肃清封建的、买办的、法西斯的思想，发展为人民服务的思想。改造旧教育的同时，建设新教育。

改革旧教育的首要出发点是改革课程。学校授课的内容，牵涉到教育方向的问题。因此，新中国成立之初，人民政府对课程改革做了大量的工作。课程改革对中小学来说主要是精简课程，对高等学校则是制定并实施新的课程。

中央教育部成立伊始，就把大学课程列为重要研究内容，邀请全国著名专家、教授分别成立了文、法、理、工四院各系的课程改革小组，拟定新的课程草案。文学院课改小组由10人组成，负责制定中国语文、外国语文、哲学、历史、教育五系的课程草案。周扬任文学系课改小组组长，艾思奇任哲学系课改小组组长，翦伯赞、郑天挺任历史系课改小组委员。法学院课改小组负责制定政治、经济、法律、社会四系的课程草案，成员有王铁崖、潘光旦、季陶达、林跃华、樊弘、钱端升等10人。理学院课改小组负责制定数学、物理、化学、地质、生物五系课程草案，成员有江泽涵、段学复、张青莲、饶毓华、华罗庚、张子高、王炳章、孙云铸等16人。工学院课改小组负责制定机械工程、电机工程、化学工程、土木工程、水利工程、地质工程等六系课程草案，成员有潘承孝、刘仙洲、马大猷、曹本熹、陈士骅、夏震寰、汪德熙等16人。此外，中央教育部又请中央卫生部领导起草医学院的课程草案，委托华东教育部起草财经学院的课程草案，委托北京农业大学起草农学院的课程草案。

1950年8月，中央教育部发布并实施高等学校各院系课程草案。规定文、法、理、工各院都设有公共必修课程、本系必修课程、分组必修课程和选修课程。文、法两院暂实行3个学习小时为1学分的学分制。理、工两院以学年制为基础，逐渐建立比较科学的学时制。此后，教育部除继续修改已定课程草案外，又根据实际需要，于1951年2月分别召开文学院的图书馆、博物馆系，财经学院的企业管理、金融、合作、会计、统计、贸易、保险、财政等系，理工学院的气象、心理、基建、地理、纺织等系的课改会议。课程改革逐渐走向全面化和配套化。

为了贯彻新民主主义教育方针，1952年10月7日，教育部学生处《关于高等学校马克思主义、毛泽东思想课程的指示》规定综合大学及财经、艺术院校，自1952年度起，依一、

二、三年级次序分别开设"新民主主义论""政治经济学""辩证唯物主义与历史唯物主义论";工、农、医等专门学院,依一、二年级次序分别开设"新民主主义论""政治经济学"。各类高等院校和专修科准备自1953年度起,开设"马列主义基础"课程。

改革学制的目的在于使各级各类学校教育内部结构更趋合理,理顺相互关系。其所涉及的内容有学校的性质、任务、入学条件、修业年限及彼此间的衔接等。国民党统治时期沿用的学制是仿行美国教育制度。新中国成立之初,人民政府采取暂时允许原有学制存在的做法,使新解放地区各级学校维持现状,安定下来,以待改造。1951年5月,政务院文化教育委员会第四次全体会议,对教育部草拟的改革学制方案进行了审议,拟定出草案,广泛讨论,征求意见。在此基础上,1951年10月1日,政务院正式发布了《关于改革学制的决定》。新学制的突出特点有二。其一,充分保障了劳动人民,首先是工农群众受教育的权利,把教育工农干部和工农群众的学校分别列入正规的学校系统之中。在中等教育和高等教育中,明确规定要招收具有同等学力者,便于工农干部和工农劳动者及其子女入学,体现了新教育的基点。其二,把适应国家建设,有利于培养技术人员作为新学制的重要内容。如给技术学校、专门学院、专科学校、专修科以相当的地位,以期为国家的工业、农业、交通、运输等方面培养中、初级技术人才;又规定各类技术学校都可附设短期技术训练班或技术补习班,培养初级技术人才;还规定专门学院和大学具有平等的地位等;这些都是体现这种思路的具体政策。

1950年，新办了几所大学：

4月1日，中央美术学院在北京成立。

4月2日，中央戏剧学院在北京成立。

6月17日，中央音乐学院在北京成立。

当然，影响最大的是中国人民大学（其前身是延安的陕北公学）的创办。1950年10月3日，中国人民大学举行开学典礼，中央人民政府副主席朱德、刘少奇在开学典礼上分别讲话。规格之高，足见中央领导人对该校的重视。

值得一提的是，这时一些知名人士都在高等学校担任校长，而不是像后来担任社会公职。比如：马寅初任浙江大学校长，林砺儒任北京师范大学校长，吴玉章任中国人民大学校长，侯外庐任西北大学校长，王亚南任厦门大学校长，杨东莼任广西大学校长，茅以升任北方交通大学校长，陈垣任辅仁大学校长，孙冶方任上海财政经济学院院长等。

还须指出的是，新中国的留学生史始于1950年。这一年我国派出第一批留学生到波兰、捷克斯洛伐克、罗马尼亚、匈牙利、保加利亚五国学习语言、史地等，共25人。9月6日起程。年末的12月28日，第二批10人也启程前往波兰、捷克斯洛伐克学习工程。

文化教育属于上层建筑范畴，同样属于上层建筑的还有意识形态。意识形态领域从新中国一成立就大张旗鼓地除旧布新。尽管当时没有提出消灭资产阶级思想（这在四个阶级联盟的政权，五种经济并存的形态下是不合适的），而是采取比较慎重的政策，但《共同纲领》所提倡的公德是爱祖国、爱人民、爱劳动、爱科学、爱护公共财物，提倡用科学的历史观点，研究解释历史、经济、政治、文化，提倡文艺为人民服务，启发人民的政治觉悟，鼓励人民的劳动热情。所有这些，当不属于剥削阶级的思想范畴。其实，个中道理十分明了，任何占统治地位的意识形态都是统治阶级的意识形态。工人阶级领导的人民民主专政的国家毫无疑问要确立马克思主义的主导地位。对新中国而言，马克思主义既是无产阶级科学的理论体系和指导思想，也是国家的意识形态。因此，新中国一成立，党和国家就组织发动了学习、宣传马克思主义、毛泽东思想的全国性运动。

在毛泽东的号召下，新中国成立后不久，全国很快掀起了学习社会发展史——历史唯物主义的热潮。除了机关、学校、部队集中数月较系统地学习外，尤其具有时代特点的是广大工农群众中大范围的普及教育。它结合群众正切身经历着的社会改革运动以及翻身解放的生动事实，结合扫盲识字学文化，使广大群众首先懂得社会历史的发展和历史唯物主义的一般常识，了解马克思主义关于劳动创造人类世界，资本家占有工人创造的剩余价值，地主对农民进行地租剥削的道理，进而树立关于人民群众是创造历史的动力的观点，关于劳动光荣的观点，关于阶级、阶级斗争和站稳无产阶级和劳动人民立场的观点，关于国家是阶级斗争的工具、人民民主专政国家是新型国家的观点，等等。

由于结合劳资关系调整、土改与宣传贯彻《婚姻法》等社会改革运动,全国人民的思想意识发生了很大变化,他们开始学着用马克思主义的基本观点看待一切问题,进行新旧社会的比较。在旧社会地位最低下的工人农民开始树立起新中国国家主人翁的意识。青年学生激发起爱国心和站在无产阶级、劳动人民立场上观察思考的思想。民族资产阶级了解到社会发展的必然趋势和前进方向。知识分子和公教人员开始从帝国主义和国民党反动派对马克思主义、共产党所作的欺骗宣传中解放出来,并初步改变了"超阶级"观点和不问政治的态度。思想文化界在学术思想上,逐渐认识到马克思主义辩证唯物论和历史唯物论是学术研究中最基本的科学方法,并努力加以学习和运用。

据不完全统计,当时大中小学教师和机关干部参加学习的超过100万人,青年学生接受以马克思主义基础理论为主的政治教育也在百万人以上,工人参加业余学习的有70多万人,农民参加冬学的人数则在1000万人以上。这种大规模的政治学习与启蒙教育,不仅为正在进行的社会改革实施了广泛深入的社会动员,而且培养和造就了一大批有一定政治觉悟又初步摘掉文盲帽子的工农干部和工农积极分子,对新中国历史产生了不容忽视的影响。

配合学习与宣传运动,党和政府出版了大量的马克思主义理论原著。1950年,人民出版社出版了中文版《列宁文选》两卷集。此外,还出版了许多单行本,包括《共产党宣言》《法兰西阶级斗争》《哥达纲领批判》《反杜林论》《马克思主义的三个来源和三个组成部分》《辩证唯物主义和历史唯物主义》

《列宁主义问题》等。

党和政府有计划地把群众学习的热情鼓动起来并掌握了基本常识以后，不失时机地将其引向深入。1950年12月和1952年4月，《人民日报》重新发表毛泽东的哲学名著《实践论》《矛盾论》。"两论"是毛泽东哲学思想的代表作，是联系中国革命独创性经验的论述和发展马克思主义哲学的典范。作者密切联系人民群众日常生活的经验，恰当地借鉴中国民间格言和谚语，挖掘中国古代文化特别是古代哲学遗产以及语言表述上的民族化，富有为中国广大人民群众喜闻乐见、深入浅出的中国作风、中国气派，容易为广大人民群众所接受。"两论"的重新发表，在确立马克思主义、毛泽东思想在全国的指导地位上的影响至大且深。配合学习"两论"，理论工作者对其中的基本思想作了广泛的阐述和宣传。据统计，1951年全国各主要报刊仅学习和研究《实践论》的文章就有100多篇，一些著名学者还编写了解说、阐释性读物，特别是李达编写的《〈实践论〉解说》《〈矛盾论〉解说》两本书，通俗易懂，对推动广大干部群众的学习起到了积极作用，受到了毛泽东的赞扬。

思想理论界的一项工程——《毛泽东选集》的编辑和出版也是在这一时期。1951年10月、1952年4月和1953年3月陆续出版了《毛泽东选集》一至三卷，共收入毛泽东在大革命时期、土地革命战争时期和抗日战争时期的88篇著作。以"两论"重新发表和《毛泽东选集》出版为契机，前一阶段学习唯物史观的热潮转向以马克思主义与毛泽东思想为中心内容的学习高潮，转向联系中国革命胜利的经验，努力认识与掌握新民主主义的各种经济情况及其运动发展规律，进而比较顺利地搞好各项建设事业方面。

党和政府还注意引导民主党派中的代表人物在学习《共同纲领》的同时，学习一些马克思主义。这种经常性的学习，一般采取两种形式：一是学习座谈会；二是短期讲习会（或夜校）。教学人员主要是共产党的领导干部和在根据地培养起来的马克思主义政治理论教员。参加学习的首先是五类人士（民主党派人士、无党派人士、专家、工商界人士、宗教界人士）中比较具有代表性的重要的上、中层人物。这些人通过政治学习，对于马克思主义、毛泽东思想有了基本了解，对共产党有了更深刻的认识，阶级立场有了相当的转变。这一措施对民主党派人士和无党派民主人士是一种思想改造，同时从不断巩固和扩大人民民主统一战线的角度看，也是在培植一种有利因素。

二、禁毒运动

◎吸毒的人约占全国人口的4.4%

◎贩卖毒品者不低于50万人

◎人民政府的"拦腰一棍"

◎缴获毒品2400多万两

◎残存毒犯活动更诡秘，危害更大

◎全国规模的"禁毒斗争"

◎各大区、各省市每五天向公安部汇报一次

◎屡禁不绝、为害百年的毒品基本被肃清

众所周知，拉开中国近代史序幕的鸦片战争就是由于英国商人向我国大量输入毒品——鸦片引起的。战争的结果，中国不仅割地赔款，而且从此门户大开，毒品肆意流行。在此后的一百余年间，从繁华的城市到偏僻的乡村，从通都大邑到僻壤边陲，到处可见提供吸食鸦片的烟馆。殖民主义者和封建势力将鸦片作为侵略工具和敛财工具，对中国人民进行敲骨吸髓的压榨，致使千百万吸毒者"未死先成鬼"，弄得家破人亡，民贫国弱。

新中国成立后，当中国人民着手扫除旧社会遗留下来的污泥浊水时，"禁毒"就成为整顿社会风气、消灭丑恶现象中难度较大而又非常紧迫的一件大事。百余年来的毒品泛滥，不仅造就了一大批瘾君子，而且造就了一大批以种植鸦片为生，以贩卖毒品牟利的人群。据估计，解放以前，仅西南地区的种烟面积即高达可耕地面积的10%，约1500万亩。1949年，在解放较晚的西南地区（1949年年底解放），种植鸦片的数量，西康省估计为40万亩，产烟600万两以上，贵州省估计产烟1000万两左右，云南数字比西康为大，四川可能在200万两以上。这些鸦片，除了内销供吸食，无其他出路。此外，在解放较晚的西北地区和内地的偏僻山区，以种植鸦片为生者不会低于1000万人。至于制造、贩卖毒品的活动，更是遍及全国各地。据华北的察哈尔、山西、绥远、河北4省及京津两市，有毒贩1万余人。华东的福建、皖北、苏南、苏北、上海等地，有毒贩3000多人。华中的武汉，是旧中国三大烟毒运销中心之一，所谓吃"黑饭"（即烟毒行业）的商户和从业人员及资本额，均超过粮食业。

新中国刚成立时，社会上的吸毒情况令人触目惊心。据初步统计，全国约有2000万人，占当时人口的4.4％。西南区约有烟民600余万人，仅贵州省即有300多万人，占总人口的8％强。众多的烟民不事生产，终日吞云吐雾，晨昏颠倒，形容枯槁，甚至道德沦丧，不少人为吸毒而倾家荡产，卖儿鬻女，甚者沦为盗匪、娼妓，危害社会。当时武汉地区就流传着一副揭露吸毒害处的对联："竹枪一支，打得妻离子散，未闻炮声震地；铜灯半盏，烧尽田地房廊，不见烟火冲天。"

如此规模的毒品种植、贩卖和吸食，使新中国成立初期的禁毒工作难度之大，涉及面之广，完全不亚于当时的其他著名运动，只是当时对此没有加以公开报道而已。

1950年2月24日，政务院发布了《关于严禁鸦片烟毒的通令》。通令规定：（一）各级人民政府及人民代表大会，除作广泛的禁毒宣传外，还须订出限期禁绝办法。（二）各地可设禁毒委员会，由政府民政部门、公安部门和人民团体派员组成。（三）在战争结束地区，一律立即禁绝种烟，在某些少数民族地区，可采取慎重措施，有步骤地进行禁种。（四）从通令颁布之日起，全国各地不许再有贩运、制造及销售毒品的事情，犯者不论何人，均从严治罪。（五）散存于民间的毒品，应限期令其交出，人民政府为照顾其生活，得分别酌予补偿；如逾期不交出者，除查出没收外，并依情节轻重分别治罪。（六）吸毒者限期登记，并定期戒除，隐瞒不登记或逾期而犹未戒除者，查出后予以处罚。（七）各级人民政府卫生机关，应配置戒毒药品及宣传戒毒办法,对贫苦瘾发者免费或减价治疗。(八)各地人民政府可根据当地具体情况,依据本通令方针,制定查禁办法及禁绝种吸日期,呈报政务院批准后实施。

根据中央的指示,各地立即行动起来,从1950年春开展了全国性的严厉禁毒工作。以历史上鸦片产量最高的西南地区为例,1950年5月,中共中央西南局根据本地区的具体情况制定了《关于禁毒的办法》,在报中央批准后即予以实施。该办法规定:(一)政府绝不采取低价收购或抵缴税办法,为种烟户找出路。(二)政府明令封闭烟馆,没收其房屋及烟具、毒品;如查有秘密烟馆,应予严惩,乃至判处死刑。(三)与剿匪相结合,严禁运销毒品。(四)对吸毒者,只采取劝说和宣传其自动戒绝的办法,目前不宜实行强制(因吸毒人数太多),更不许拘捕和体罚。(五)对于因种植鸦片过多而形成灾荒的地方,可酌情采取生产救灾办法,酌量贷予粮食,保证新收归还。由于上述办法态度坚决,切合实际,禁毒工作取得较大成效,至1951年春西南区基本禁绝了鸦片种植。另据西南军政委员会民政部统计,1950年共查封烟馆5400余家,收缴烟具22万余件,破获烟毒案万余起,查获贩运制售毒品犯万余人,收缴毒品100万两左右。又如武汉的大毒贩王子骥,从1950年到1951年6月,先后五次由昆明、重庆等地贩运毒品到武汉出售,总数折合鸦片达60余万两,其活动范围、贩运路线、推销网络遍及上海、重庆、昆明、西安、衡阳、广州等大城市,仅破获此一案,就可清除一个贩毒网。

与此同时,禁毒工作还与1950年开展的镇反、禁娼等社会改革运动相结合，多方面地禁查毒品。仅在北京、天津等六城市，就破获毒品案8156起。

由于种植吸食的人太多，而禁毒的人力、物力又有限，因此初期禁毒工作的重点是卡死流通环节，着重打击贩运及出售毒品的罪犯，当时称之为"拦腰一棍"。这样一来，种植鸦片的卖不出去，吸食鸦片的又买不着，因而禁毒成效较为显著，收到事半功倍的效果。据当时的报告说，毒品的销路断绝后，产地价格大跌，一两鸦片换一二斤大米都没人敢要。农民说："烟不值钱，哪个还种啊！弄点粮食还可饱肚子。"结果，以鸦片产地闻名于世、产量居全国之首的西南数省，仅用一年的时间就基本禁绝了鸦片种植。当时边疆少数民族地区和内地的偏僻地区尚有少量偷种，产量在15万两至20万两左右，不足新中国成立前年产量的0.5%，对于烟农来说，种植大烟已成为历史。

经过两年的努力，到1952年春，毒品种植基本禁绝，贩运、吸食毒品现象也大为减少，但是百余年滋生蔓延的这类严重社会问题不可能一下子就被彻底扫除干净。在人民政府采取了严厉有效的禁毒措施后，社会上贩运售卖毒品的行为虽然大为减少，但残存的行为也更为诡秘，罪犯更狡猾，危害也更大。由于这些残存毒犯的活动，吸食毒品的现象难以彻底禁绝。截至1952年春，西北区尚有32万人吸毒，昆明市即有7901人吸毒。

残存的贩毒行为表现为以下特点：（一）毒品来源主要是国外和过去遗留下来的存货，因而不易发现。（二）罪犯多为大犯、惯犯。如重庆、昆明、泸州、宜宾、贵阳、雅安7个城市已查明的毒犯中，500两以上的大犯占18％，沈阳已查明的毒犯中大犯占25％，北京的则占20％。另统计，辽西746名毒犯中，惯犯占89％强，苏南117名毒犯中，有5年至25年贩毒历史者占71.7％；南京1537名毒犯中，有5年以上贩毒历史者占38.6％；张家口415名毒犯中，惯犯占76.3％。让这些人自动服从法令、洗手不干的可能性很小。（三）罪犯大部分是流氓，地痞，敌伪军、警、宪，地主恶霸，反动帮会及有特务、反动党团身份的坏分子。如泸州市1505名毒犯中，上述人员即占97.7％；贵州的6343名毒犯中，有反动政治身份者约占40％；苏南的117名毒犯中，上述人员占61.5％。由于这些人一贯为非作歹，且多为亡命之徒，仇视新生政权，因此其对社会治安危害很大。（四）罪犯活动以团伙为主。由于人民政府的严厉打击，残存下来的毒犯不仅多为组织较好的团伙，而且其行动也变得更为诡秘。他们往往有很长的贩运线和推销网，沿途设站，专人交接，并有暗语暗号。另外，这些犯罪团伙腐蚀拉拢了一些机关和公职人员作掩护。如东北、中南及华东（不含苏南、福建）4区查明的毒犯中，其中属国家工作人员的即占10.9％，绝大多数为留用的旧人员；衡阳、东北、郑州、上海等地的铁路系统，"三反"中亦发现新中国成立后曾参与走私贩毒人员7160人。

针对上述情况，1952年4月，受"三反""五反"运动的启发，中共中央决心在1952年下半年发动一场全国规模的"禁毒运动"，以便将残余而又顽固的毒犯肃清，让毒品从中国大陆上完全消失。6月10日中共中央着手部署"禁毒运动",决定该运动由公安部负主要责任,其他有关部门加以配合。中央指定彭真定期召集公安、铁道、交通、邮电、海关、内务、卫生、法院、监委等部门汇报情况,并在中央指示下处理有关问题。针对毒犯有组织、行动诡秘的特点,为了收一网打尽之效,中央决定由公安部统一部署,全国一致行动,在统一行动之前,各地的工作重点是做好侦察等准备工作。7月30日,中共中央批准公安部《关于开展全国规模的禁毒运动的报告》,同意照此部署执行。该报告对"禁毒运动"作了如下部署:(一)目前运动主要集中力量在城镇中进行,农村一般暂不动。(二)"禁毒运动"定期进行,每期预定10～15天。第一期为"大破案",即先逮捕一批有证据有价值的毒犯,并立即着手组织审讯,扩大线索,为第二期的"扩大战果"做好准备;第二期为"继续深入和铺开其他重点"。经过第一、二两期,大部分重点城镇应力争基本解决问题;第三期为"追捕漏网毒犯和处理结束工作"。(三)大举破案后,必须迅速召集适当的群众大会,向群众宣讲"禁毒运动"的政策和意义,动员人民积极参加运动,与毒犯作斗争。(四)在"禁毒运动"中,各省(市)之间,可直接交换材料和联合缉捕毒犯;各大行政区和省(市)应每五天向公安部汇报一次情况。

对惩治毒犯的具体政策报告作了如下规定:(一)凡在1951年1月以后有下列罪行之一者,均予逮捕法办:(1)出资制毒的业主及集资结伙制毒的组织者、主谋者和以职业为掩护专事制毒的惯犯;(2)制造毒品的"技师";(3)贩运出售毒品的组织者、主谋者、惯犯、现行犯；（4）开设烟馆为业的业主；（5）一贯协助毒犯的窝主及依靠贩运毒品佣金收入为生的经纪人；（6）偷运毒品进口的组织者和惯犯；（7）武装运毒者；（8）以反革命为目的制造、贩运毒犯及被管制分子；（9）贿买勾结国家工作人员而情节严重恶劣的毒犯；（10）毒犯派进我机关内部的"坐探"；（11）利用职权包庇、协助毒犯或出资贩毒的严重违法的国家工作人员；（12）在汉族地区一贯大量种植的烟匪、恶霸、流氓及雇人种毒或串通农民种毒的主谋者；（13）其他在运动中拒绝登记、拒缴毒品、拒不坦白而情节严重恶劣者。（二）为根除毒害，对毒犯的处理虽可稍轻于惩治反革命分子，但必须严于"三反""五反"中的盗窃犯。逮捕毒犯的数字一般控制在现有毒犯总数的20％～30％之内，情况特殊超出者，应报省（市）以上党委批准，交报公安部审核备案。杀人的数字，目前暂控制在毒犯总数的1‰（即占应捕毒犯的5‰），杀人批准权属于省级法院。判处徒刑劳改的毒犯数字，一般应在已逮捕总数的80％～90％，释放或交群众管制的人数，一般不得多于20％。对于虽有罪恶，但其罪恶程度尚不须逮捕判刑的毒犯，应按《管制反革命分子暂行办法》实行管制，各地应予管制的毒犯数量，一般可控制在毒犯总数的20％左右。（三）对单纯吸毒者，除号召其检举毒犯外，暂不要忙于过问，亦不要号召登记。

1952年8月10日，根据公安部的统一部署，全国1202个禁毒重点部门和地区同时进入第一期破案行动。由于准备充分、办法得当、政策明确，因而非常成功，完全达到了预期目的。在50天的时间里，全国共查出毒犯37万人，其中被逮捕者82027人，占毒犯总数的22％。在已经处理的51627名被逮捕的毒犯中，处决880人，占逮捕人数的1％；判刑33786人；劳改2138人；管制6843人；释放3534人；未报分类统计的4337人。运动期间共缴获毒品折合鸦片近400万两和大批制造、贩运、吸食毒品的工具。

由于这次运动采取广泛宣传、动员人民积极参与的办法，运动期间各地共召开各种宣传会76万余次，直接受教育的人数近7500万。据不完全统计，收到检举信130多万件，检举毒犯22万人，其中不乏大案、要案。例如，天津毒犯庞辅臣勾结市禁烟局干部套购毒品，并勾结警察掩护装船，运往上海销售。昆明毒犯刘云阁拼凑贩毒集团，两年内贩卖鸦片11.3万两。福建毒犯张子月等人，竟武装押运毒品，案发时被缴各种枪械60余支。因此"禁毒运动"虽然没有利用公开的报刊、广播等新闻媒介作宣传，但在重点地区仍做到了家喻户晓、人人皆知。在运动期间，人民群众积极参与，在运动中，迫于压力自己向公安机关坦白悔过、前来登记的毒犯达34.5万人。这些人表示"这辈子再也不贩毒了"。这一期间全国共召开各种形式的检举会76万多次，经过这次"禁毒运动"和随后开展的在农村禁吸和收缴存毒的工作，使在中国为害一百余年、屡禁不绝的毒品终于被基本肃清了。

新中国成立初期的禁毒工作不仅是当时社会改造运动的重要组成部分，而且是其中最为成功的社会改造范例。它不仅对于当时提高人民健康和改善社会治安起了重要的作用，而且对于提高党和人民政府的威望以及改变世界对中国的看法也产生了重要影响。新中国在短短的两年内就将延续一百多年的吸毒贩毒彻底根除，在世界禁毒史上是一个奇迹。

三、废除娼妓制度

◎卖淫许可证制度由袁世凯首先推行
◎旧中国全国有近万家妓院
◎北京成立"封闭妓院总指挥部"
◎妓女参加政治思想和文化学习

娼妓制度是剥削制度的产物，也是中国历史上一个严重的社会问题。历代统治阶级为了保障糜烂的生活方式和经济利益，不惜用强权和金钱逼迫妇女卖淫为生，使妇女的人格与健康遭受到极大的损害。1911年卖淫许可证制度由袁世凯首先推行。同年3月对妓女和妓院开始征税。国民党统治时期，继续实行这一制度，把征收妓女的"花捐"作为一项财政收入，从而使娼妓制度合法化、商业化。

在旧中国全国有近万家妓院，还有为数不少的暗娼，各地卖淫嫖娼活动猖獗。在北京，辛亥革命以前合法的男娼妓院也存在，主要由堕落的满族贵族光顾，后被废除了。1912年北京有妓院353家，注册妓女2996人；到1917年，妓院已上升到406家，注册妓女3887人。嫖娼卖淫是阶级社会的痼疾。1947年上海以卖淫为生者不下10万人。

新中国成立后,政府把取缔娼妓制度作为改造社会的一项重要内容。具体做法是:封闭妓院,惩治老板,取缔嫖娼,改造妓女。

首都北京最先采取措施废除娼妓制度。1949年11月21日下午,北京市第二届各界人民代表会议通过《关于封闭妓院的决议》,指出:"妓院乃旧统治者和剥削者摧残妇女精神与肉体、侮辱妇女人格的兽性的野蛮制度的残余,传染梅毒、淋病,危害国民健康极大。而妓院老板、领家和高利贷者,乃极端野蛮狠毒之封建余孽。兹特根据全市人民之意志,决定立即封闭一切妓院。"聂荣臻市长当即宣布,根据大会决定,成立"封闭妓院总指挥部"并立即采取行动。自下午5时半开始,市公安局和民政局、妇联等单位动员干部和警力2400余人,分成27个行动小组,包围全市224家妓院,一夜之间全部封闭。400多个老板、领家被收审法办。1300多名妓女获得解放,被送到教养院检查身体,医治性病,学习政治、文化和生产技能,并帮助她们成家和就业,使之成为自食其力的劳动妇女。接着,上海、天津、哈尔滨、沈阳、大连、武汉、西安等地也取缔了当地所有妓院。经过一年的整治,根除了娼妓制度。

1950年2月24日《人民日报》报道,北京市取缔、封闭妓院后,集中在生产教养院中的妓女经过三个多月的政治思想和文化学习,出院参加生产。市政府共支出1亿多元(折合6万公斤小米)的医药费为她们医治性病,大部分已不具传染性。昔日的妓女获得了做人的尊严和人身自由,过上了正常人的生活。

四、实现妇女解放

◎1950年5月1日，新中国首部法律《中华人民共和国婚姻法》颁布
◎农村妇女享有平分土地的权益，城市妇女步入社会
◎男女职工待遇相同，女职工生育有产假
◎妇女在各项社会改革中发挥了重要作用

妇女解放是人类文明和社会进步的重要标志。在中国历史上的大多数劳动妇女世世代代都在政权、族权、神权和夫权的束缚下，处于社会的最底层，遭受残酷的剥削与压迫。

中国共产党一向主张妇女解放事业是中国革命事业和社会主义事业的一部分，也是全人类解放事业的一部分。在民主革命时期，中国共产党就致力于妇女解放事业，为实现男女平等、提高妇女的社会地位进行不懈的努力。新中国的成立，为实现这个目标创造了根本的条件。《共同纲领》规定："中华人民共和国废除束缚妇女的封建制度。妇女在政治的、经济的、文化教育的、社会的生活各方面，均有与男子平等的权利。"1950年5月1日，中央人民政府颁布《中华人民共和国婚姻法》（以下简称《婚姻法》）。这是新中国颁布的第一部法律，其中明确规定：废除包办强迫、男尊女卑、漠视子女利益的封建主义婚姻制度。实行男女婚姻自由、一夫一妻、男女权利平等、保护妇女和子女合法利益的新民主主义婚姻制度。禁止重

婚、纳妾,禁止童养媳。禁止干涉寡妇婚姻自由。禁止任何人借婚姻关系索取财物。

贯彻《婚姻法》的过程,也是一个移风易俗的过程。广大人民群众特别是妇女群众对宣传、贯彻《婚姻法》表现出了极大的热情。新凤霞表演的反映抗日战争时期陕甘宁边区争取婚姻自由的评剧《刘巧儿》,赵树理1943年发表的反映抗日民主根据地青年男女在民主政权支持下争取婚姻自由的小说《小二黑结婚》等,受到群众的欢迎,有力地促进了《婚姻法》的贯彻实施,婚姻自由蔚然成风。据内务部1955年对27个省(市)的统计,全国符合《婚姻法》登记的已占申请结婚人数的95%。全国出现的许多互敬互爱、民主团结的家庭,成为新社会的基本细胞,为社会的安定奠定了基础;同时也为妇女参加政治活动、经济活动和其他社会活动创造了条件,有效地推进了妇女解放事业。

在农村,妇女享有"平分土地"的权利,成为土地和生产资料的所有者,从而获得了经济、政治和文化教育同男子一样的平等权利。在城市,越来越多的妇女走出家门,步入社会。全国女职工人数已从1949年的60万人上升到1952年的184.8万人。[①] 妇女在工农业生产中做出了突出贡献。1950年3月8日,东北铁路局大连机务段女司机田桂英、王宝鸿、毕桂英驾驶"三八"号机车开始行驶在由大连到旅顺的铁路线上。6月3日,黑龙江省德都萌芽乡村师范学校成立全国第一支由10人组成的女拖拉机队,中国第一个女拖拉机手梁军任队长。她们

---

① 《当代中国妇女》,当代中国出版社1994年版,第42页。

是新中国妇女的优秀代表。

　　政府不仅鼓励妇女走上工作岗位、为社会多做贡献，而且通过一系列法律法规，提高妇女的社会地位，保障广大妇女的各项权益。1950年9月14日，全国总工会发布《关于加强女工工作的决定》和《女工委员会组织条例》。1951年2月26日，政务院公布的《中华人民共和国劳动保险条例》规定，在实行劳动保险的企业内，男女职工待遇相同。此外，女职工生育有产假，假期工资照发。

　　获得解放的广大妇女迸发出巨大的政治热情，她们在各项社会改革中发挥了重要作用。如1950年上半年禁赌运动中很多地方的妇女自发地组成监督男人赌博的团体，到处是妻劝夫、女劝父的场面。在很短的时间内，赌博现象在中国大地上几乎绝迹。在抗美援朝战争中，妇女表现出了崇高的爱国主义和国际主义精神，志愿军的女医务工作者在朝鲜战场上奋不顾身地抢救伤病员，80%的人都立下了战功；国内各条战线的妇女则积极投入轰轰烈烈的抗美援朝运动。

五、树立新型社会风尚

◎改善生活环境，培养卫生习惯

◎各城市共清除垃圾175万吨

◎开展全国性爱国卫生运动

◎"老爷""老总""官太太"的称呼不见了

◎"老妈子""下人"等蔑称一律为"同志"所取代

改善生活环境，培养卫生习惯是新中国成立后革除陋习、树立新风的又一项重要工作。新中国成立后，各地发动了大规模的清洁扫除运动。1950年，全国各城市共清除垃圾175万吨。①沈阳市在1949年春秋两季及1950年春季共清除伪满以来积存的垃圾55万多吨。上海市解放后的5个月，集中清理垃圾、修整地下水道，同时进行疏浚苏州河工程。太原市用3个月的时间，全市共清除垃圾6万多车，修复市内排水沟4700米，市容大为改观。西南区在全区各大中城市均进行了清洁卫生运动，仅昆明一地，在6天内就清除垃圾1200多吨。全国各地还利用水道清淤及清除垃圾、粪便等适时开展积肥运动，既清洁了环境又促进了农业生产。从1952年开始，一场全民性爱国卫生运动在全国范围内开展起来。从中央到地方，从军队到学校都先后建立了爱国卫生运动委员会，宣传卫生科学知识，破除封建迷信，动员一切社会力量，人人动手，讲究卫生，改善环境，创造了中外公共卫生史上的奇迹。

人民政权在全国的建立和旧中国剥削制度的彻底消灭，从根本上结束了劳动人民被欺压、被奴役的历史。世代贫穷，社会地位低下，忍辱负重的被压迫阶级获得了做人的权利。移风易俗、破旧立新的伟大变革，进一步使新中国相互平等、相互尊重的人际关系得以巩固，诚实待人、勤奋工作的道德风尚得以兴起。党的干部和人民军队，继续保持谦虚谨慎、艰苦奋斗的本色和作风，以为人民服务为宗旨，甘做人民群众的公仆。

---

① 《全国环境卫生和卫生工程工作两年来有很大发展》，《人民日报》1951年9月23日。

这种作风受到人民群众的欢迎和称颂，被全社会效仿和推广，形成良好的社会风气。

旧中国把人分成三六九等，很多职业被看成是下贱和卑微的。一些体力劳动者，如剃头和修脚的工匠、奴仆甚至艺人等被称为"下九流"，备受凌辱和歧视。新社会提倡只有职业的不同，没有尊卑贵贱之分，人与人之间一律平等。旧社会带有浓厚等级色彩的称呼，如"老爷""老总""官太太"不见了，而"老妈子""下人"等蔑称已被新型的称呼"同志"所取代。

后　记

　　本书以"新元初始"的视角记述了 1950 年间发生的诸多事件。当历史的篇章翻过 1950 年的时候，有些事件结束了，诸如没收官僚资本、稳定物价、货币统一以及统一国家财政经济、合理调整工商业等；有些事件则余续未断，历史的脚步并没有停歇。

　　譬如土改。新中国成立以后的土改是新解放区的土改，从 1950 年 6 月颁布《中华人民共和国土地改革法》开始，华东地区（江苏、安徽、山东、浙江、福建、上海等）到 1952 年 5 月基本完成土改。中南地区（河南、湖北、湖南、江西、广东、广西）到 1952 年春耕时约有 1/3 的乡进行土改，到 1953 年全区基本完成。西南地区（四川、云南、贵州、西康、重庆）分四期进行土改，至 1953 年春基本完成。西北地区（陕西、甘肃、宁夏、青海、新疆）到 1951 年夏收前，陕西关中、榆林、西安郊区，甘肃庆阳、宁夏宁硕、盐池等地完成土改；1952 年春，陕南、甘肃宁夏大部、青海五县一市完成土改；到 1953 年春，新疆大部分地区土改宣告完成。总之，到 1953

年春，除约700万人口的少数民族地区暂不进行土改外，全国大陆上已基本完成土改，这个过程大概在二至三年。

再譬如抗美援朝。抗美援朝战争分为两个大的阶段，第一阶段中国人民志愿军共进行了五次战役，本书讲了前两次战役，都是发生在1950年内。第三次战役擦了1950年一个边，从1950年12月31日发起，至1951年1月8日结束。1950年12月31日晚，利用除夕之夜，中国人民志愿军在200多公里宽大正面战线发起进攻。到1951年1月2日拂晓，已突入敌人纵深20公里。此后志愿军连续追击敌人七昼夜，把战线向南推了80～110公里，到了三七线附近的平泽、安城、堤川一线，解放了汉城，因此国际史学界有人称此为"汉城战役"。后来经过第四、第五次战役，至1951年5月，把战线基本上稳定在三八线附近。五次战役后，战争双方处于战略相持阶段，军事斗争与停战谈判交织进行，出现了停停打打、边谈边打的局面。志愿军依托坚固阵地，粉碎了"联合国军"的数次局部进攻，也主动发动多次战术性进攻，直至规模性的进攻，著名的"上甘岭战役"就发生在这个阶段的金城战役中。1953年7月27日，交战双方在朝鲜停战协定上签字，抗美援朝战争胜利结束。这个过程也持续了三年。

说到这儿，读者不难看出，本书最突出的优势在于对本年大事一目了然，但也存在对长时段的事件后续观照不够。这就涉及史书的写作问题。

历史书写作的初衷离不开"存史"，即把历史上的事情弄清楚。接下来就是如何对历史发展进程的客观与全面描述。越是客观详尽的描述,越能够为史学研究提供一个评价的平台和检验理论正确与否的实验场。这既是历史学的本义,也是编撰历史学的规律,这另一重境界,说说容易,做起来难。孔子云:"物有本末,事有始终,知所先后,则近道矣";古代史学家刘知几认为:"良史以实录直书为贵";顾炎武也说:"古人作史有不待论断而于序事中即见其指者,惟太史公能之。"

但是,历史现象是复杂的,如果以单一的体裁用于复杂的历史进程,显然是不够的。一直以来,笔者都致力于国史通史的研究和写作,这是本职工作使然。通史写作着眼于宏观,属宏大叙事,它的不足是缺乏细节,亦少有生动。

若干年前,笔者主编了一套大型国史著作《中华人民共和国史长编》(全九卷),该书由"总论""重大事件""人物""大事记"及"文献资料"五部分组成。"总论"带有一点史论的性质,是从宏观上讲述这一时期的历史概貌及其发展阶段,其中也包括对主要成就和经验教训的总结,主要是纵向叙述,使读者有一个总体印象。"重大事件"发挥中国传统史学纪事本末体的优势和史学的叙事功能。每一事件独立成篇,尽可能完整地揭示其起因、过程和结局。这些事件都是历史的关节点,点点相连,由此组成共和国历史的脉络主线。在编排上,大体依时间先后为序,但也照顾到历史横断面。"人物"吸收传统史学纪传体的长处,是通过人的活动从侧面再现历史并透视人物历史作用的一种尝试。传主主要为在共和国创立、建设和改革过程中建功立业的人物,也适当地收录了其他方面的代表人物。"大事记"是学习传统史学编年史体例。以年、月、日为经，以政治、经济、外交、军事、文化、教育、科技、卫生、民族、国土、人口、气象等林林总总的事为纬，编织出一幅更为细密的网络。"文献资料"包括从中央到地方各级党、政、军、民主党派、人民团体的组织沿革和职官，以及研究成果总目。这部书既是探索当代史借鉴传统史书写法一次尝试，把史论、纪事本末、纪传、编年、大事籍要、文献类编等几种体例融汇一起，多层次地呈现历史面貌。

这次本书又探讨了另一种写法，以年为单位，集中讲述这一年当中发生的大事。所选出的都是在共和国历史上产生过重大转折或引起过社会加速发展的年份，每一年均构成一个历史节点。如果按主体对象分类的话，大体属于中观史学。中观史学其实是很有欣赏空间的。它不像微观史学那样零碎，也不像宏观史学那样冷峻。它有场景、有情节，更像折子戏。在结构上，按广义社会史的框架铺陈，摆脱了偏重政治史的传统范式，着眼于整个社会的变化。除比较关注经济运行、外交风云、军事斗争之外，还特别注意社会风尚、时代精神、民间习俗以及大众意识的描述。在呈现形式上，我们力求按照纪事本末的诉求做到行文生动、鲜活、明快，以求有一个很好的表达。